모든 언어는 평등하다

지구 상의 모든 언어는
인류 공동체 문명 발전의 발자취입니다.
힘이 센 나라의 언어라 해서 더 좋거나 더 중요한 언어가 아닌 것처럼,
많은 사람들이 쓰지 않는 언어라 해서 덜 좋거나 덜 중요한 언어는 아닙니다.

문화 다양성에 따른 언어 다양성은 인류가 서로 견제하고
긍정적인 자극을 주고받으며 소통, 발전할 수 있는 계기가 됩니다.
그러나 안타깝게도 현재 일부 언어가 '국제어'라는 이름 아래
전 세계 사람들에게 강요되고 있습니다.

언어평등의 꿈은 전 세계 모든 언어를 학습할 수 있는 어학 콘텐츠를
개발하는 것입니다. 어떠한 언어에도 우위를 주지 않고, 다양한 언어의 고유
가치를 지켜나가겠습니다. 누구나 배우고 싶은 언어를 자유롭게 선택해서
배울 수 있도록 더욱 정진하겠습니다.

언어평등은 문예림의 아날로그와 디지털을 아우르는
어학 콘텐츠 브랜드입니다.
56년째 언어 생각뿐.

언어평등 시리즈
첫걸음

언어평등은 누구나 평등하고 자유롭게 전 세계 모든 언어를
학습 할 수 있도록 여러분과 함께 할 것입니다.

터키어는 튀르크어족의 언어로, 터키, 키프로스, 아제르바이잔 등에서 쓰이며 교착어이다.
페르시아어와 아랍어의 영향을 받아 어휘에 많은 변화가 있었으며,
1928년 문자 개혁을 통해 종래 사용하던 아랍글자를 로마글자로 개정해 사용한다.
전 세계 약 6천 3백만 명이 모국어로 사용한다.

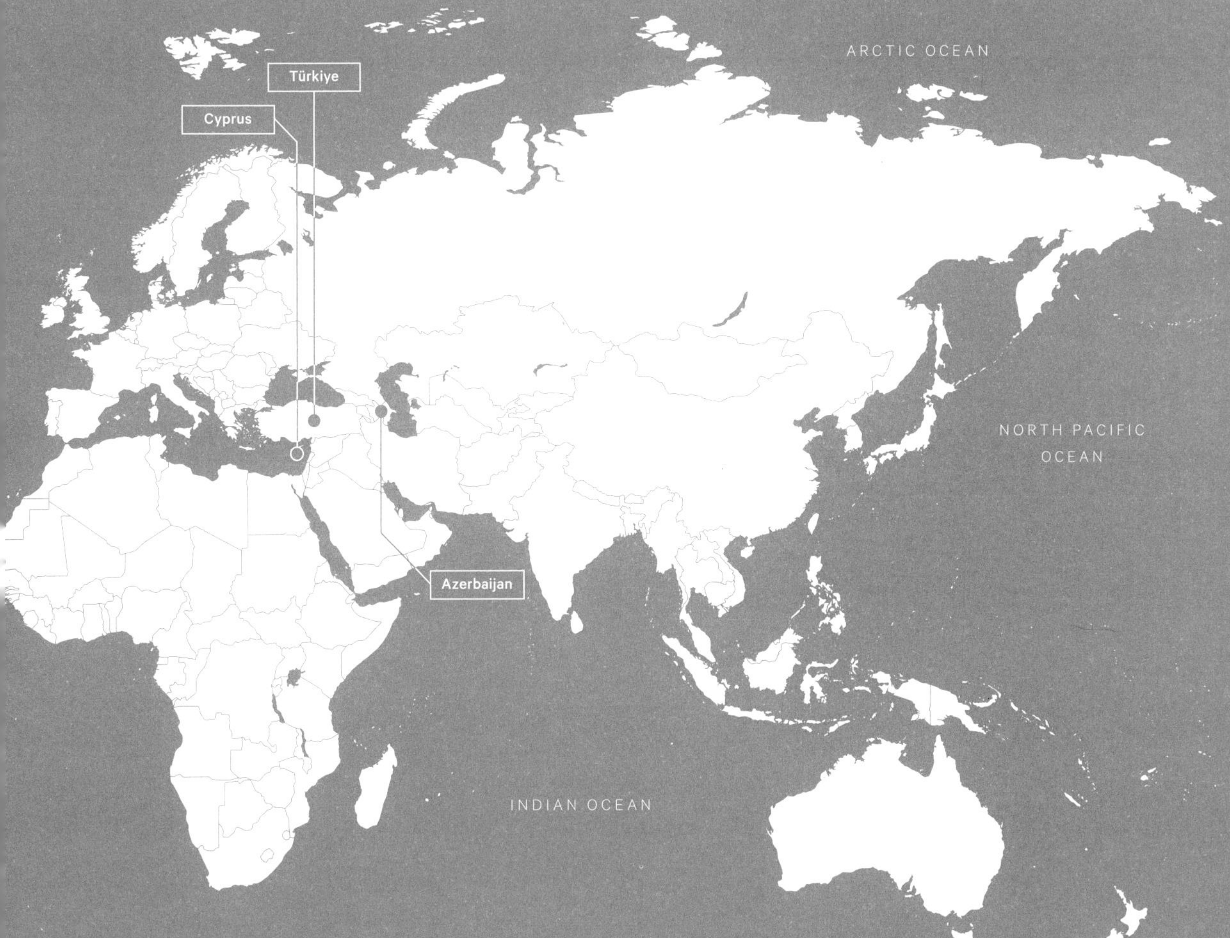
ARCTIC OCEAN
Türkiye
Cyprus
NORTH PACIFIC
OCEAN
Azerbaijan
INDIAN OCEAN

동영상 강의 시청하기

언어평등 (www.EQlangs.com) 구매하면
해당도서의 강의를 보실 수 있습니다.
저자가 알려주는 언어 이야기도 보실 수 있습니다.

MP3 다운로드 방법

1단계
언어평등 (www.EQlangs.com) 사이트
고객센터 - 자료실 - MP3 들어오기

2단계
제목_______________에 찾고자 하는
도서명을 입력 후 검색하세요.

www.EQlangs.com

평등한 언어 세상을 위한 시작

터키어 첫걸음

평등한 언어 세상을 위한 시작

터키어 첫걸음

Eşit Bir Dil Dünyası İçin Başlangıç

Dil Eşitliği İçin Türkçe İlk Adımlar

언어평등

평등한 언어 세상을 위한 시작

터키어 첫걸음

초판 2쇄 인쇄 2022년 10월 6일
초판 2쇄 발행 2022년 10월 14일

지은이 장주영
펴낸이 서덕일
펴낸곳 언어평등

기획 서민우 **편집진행 및 교정** 조소영 **본문디자인** 문인주
표지 및 부속 디자인 박정호 **오디오 녹음** 이니스닷컴 **동영상 촬영** 이큐스튜디오
출력 및 인쇄 천일문화사 **제본** 대흥제책

출판등록 2018.6.5 (제2018-63호)
주소 경기도 파주시 회동길 366 3층 (10881)
전화 (02) 499-1281~2 **팩스** (02) 499-1283
전자우편 eqlangs@moonyelim.com
홈페이지 www.EQlangs.com

ISBN 979-11-964086-7-1 (13790)
값 15,000원

일러두기 터키 정부의 국호 변경 요청에 따라 유엔이 승인하고 외교부와 국립국어원이 공식 표기를 변경하였습니다. 이 책에서는 혼선을 막기 위해 튀르키예 대신 옛 표기인 터키, 터키어를 그대로 사용하는 점을 밝힙니다.

이 책은 터키어를 처음 접하는 학습자가 혼자서도 터키어를 익힐 수 있도록 구성되어 있으며, 필자의 설명과 함께 익히고자 하는 학습자는 언어평등 홈페이지에서 제공하는 온라인 강의를 통해 함께 학습할 수 있다. 구성은 다음과 같다. 1. 대화/독해 를 통해 주제에 적합한 가장 기본적인 표현을 익힐 수 있으며, 2. 문법 에서는 본문에 언급된 문법들을 최대한 쉽고 자세하게 설명하여 별도의 문법 용어에 대한 지식이 없더라도 이해가 가능하도록 많은 예문들을 반복해서 제시하였다. 3. 표현 에서는 터키인들이 일상 생활에서 사용하는 회화 표현과 상황별 단어들을 익힐 수 있다. 4. 연습문제 에서는 문법에 좀 더 초점을 두어, 각 장에서 배운 문법들을 복습할 수 있도록 구성했다.

터키어는 철자 자체가 발음 기호라고 할 수 있을 만큼, 쓰는 대로 읽을 수 있기 때문에 별도의 발음 규칙이 필요 없는 언어이다. 단지 주의해야 할 부분이 있다면 모음조화 규칙이나 자음동화 규칙인데, 각 장에서 반복하여 설명하였기 때문에 무리 없이 이해할 수 있을 거라 생각한다. 교재와 함께 제공되는 음원을 적극 활용해서 반복 청취 훈련을 할 것을 적극 권장하는 바이다.

새로운 언어를 배우는 목적은, 그 언어를 사용하는 사람들과의 의사소통을 위해서다. 외국어를 유창하게 구사하기 위해서는 끊임없이 듣고, 읽어서 말하기를 도출해내는 작업이 필요하다. 터키어 역시 마찬가지이다. 눈으로 읽고, 마음 속으로 읽어서는 절대로 언어를 배울 수 없다는 것이, 외국어를 배울 때 언제나 다짐하는 필자의 철칙이다. 처음 터키어를 배우던 그때, 필자는 뜻도 모르던 터키어 문장을 무작정 읽고 또 외워 암기했었다. 그렇게 하루 이틀이 쌓여 혼자 떠난 터키 여행에서 현지인들과 어려움 없이 의사소통을 할 수 있었다. 그렇게 필자와 터키의 인연은 시작되었다. 이 책을 계기로 터키어 공부를 시작하는 모든 학습자가 터키에 관심을 가지고, 터키어를 유창하게 구사할 수 있기를 간절히 바란다.

장주영

이 책의 구성 및 학습법

Alfabe / Telaffuz 알파벳과 발음

문자는 2차적인 기억의 시스템이다

알파벳부터 모음 및 자음의 발음과 강세 규칙에 대하여 학습합니다. 음절의 구분에 따른 강세 위치를 잘 파악하여 반복 연습하는 것이 중요합니다.

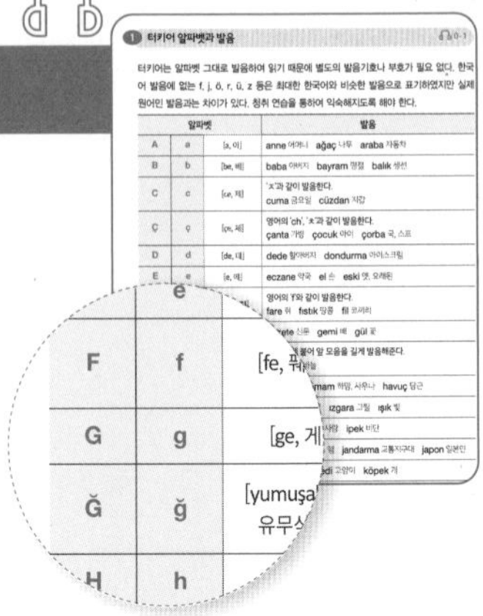

Diyalog / Okuma 상황별 대화 / 독해

경청은 지혜의 특권이다

각 강의 학습 내용에 해당하는 기본 회화 및 독해 지문을 상황별로 제시했습니다. 초보자의 학습에 도움이 되도록 5강까지는 한글 독음을 표기하였습니다.

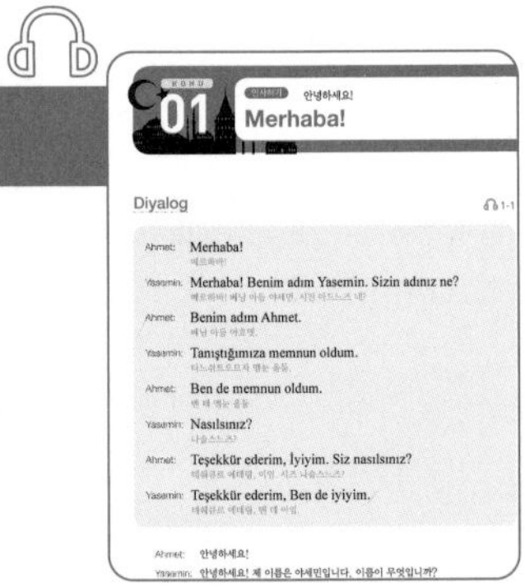

Sözcük 어휘

단어의 이미지는 견고하다

각 강의 상황별 대화문에 등장하는 어휘를 바로 옆에 정리하였습니다. 이미지를 연상하면서 어휘를 기억하도록 합니다.

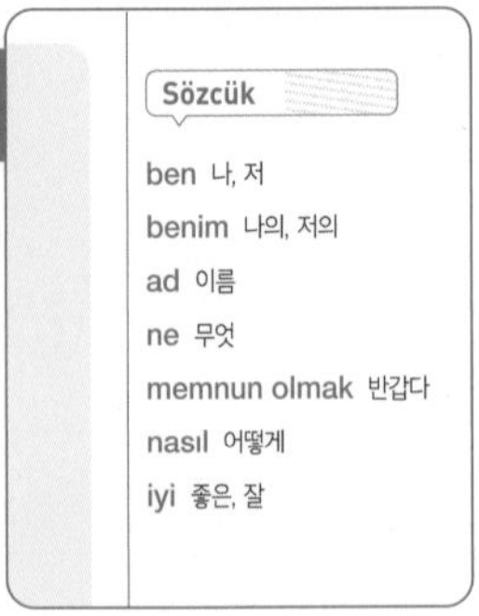

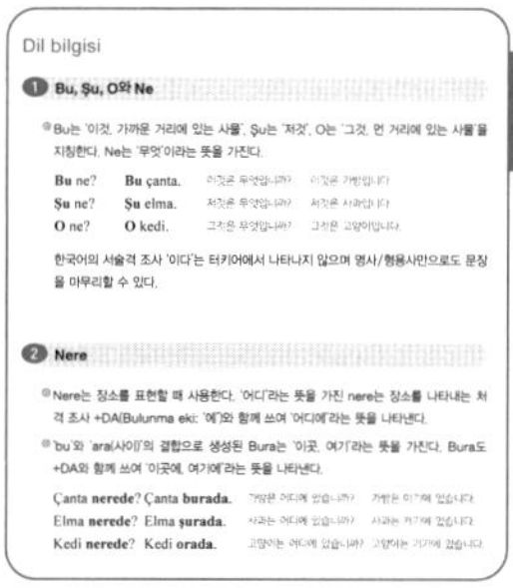
Dil bilgisi

❶ Bu, Şu, O와 Ne

Bu는 '이것, 가까운 거리에 있는 사물', Şu는 '저것', O는 '그것, 먼 거리에 있는 사물'을 지칭한다. Ne는 '무엇'이라는 뜻을 가진다.

Bu ne?	Bu çanta.	이것은 무엇입니까?	이것은 가방입니다.
Şu ne?	Şu elma.	저것은 무엇입니까?	저것은 사과입니다.
O ne?	O kedi.	그것은 무엇입니까?	그것은 고양이입니다.

한국어의 서술격 조사 '이다'는 터키어에서 나타나지 않으며 명사/형용사만으로도 문장을 마무리할 수 있다.

❷ Nere

Nere는 장소를 표현할 때 사용한다. '어디'라는 뜻을 가진 nere는 장소를 나타내는 처격 조사 +DA(Bulunma eki: '에')와 함께 쓰여 '어디에'라는 뜻을 나타낸다.

'bu'와 'ara(사이)'의 결합으로 생성된 Bura는 '이곳, 여기'라는 뜻을 가진다. Bura도 +DA와 함께 쓰여 '이곳에, 여기에'라는 뜻을 나타낸다.

Çanta **nerede**?	Çanta **burada**.	가방은 어디에 있습니까?	가방은 여기에 있습니다.
Elma **nerede**?	Elma **şurada**.	사과는 어디에 있습니까?	사과는 거기에 있습니다.
Kedi **nerede**?	Kedi **orada**.	고양이는 어디에 있습니까?	고양이는 거기에 있습니다.

Dil bilgisi 문법

언어의 품사를 품다

각 강의 상황별 대화문에 등장하는 관련 문법 사항을 설명하였습니다. 또한 시제에 따른 동사의 형태와 용법을 실용적인 예문을 살펴봅니다.

Ek duraksama yeri 1-2

• 기본 인사 표현

Günaydın!	안녕하세요! (아침 인사)
İyi günler!	좋은 하루 되세요! (낮 인사)
İyi akşamlar!	좋은 저녁입니다! (저녁 인사)
İyi geceler!	안녕히 주무세요! / 잘 자요! (밤 인사)
Merhaba!	안녕! / 안녕하세요!
Nasılsın? / Nasılsınız?	잘 지내요? / 잘 지내세요?

*터키어에서 가장 자주 쓰이는 인사 표현으로, 비격식체(Nasılsın)와 격식체(Nasılsınız)로 나뉜다.

İyiyim.	좋아요. / 잘 지내요.
Tanıştığımıza memnun oldum.	만나서 반갑습니다.
Görüşmek üzere.	또 만나요.
Hoşça kalın.	안녕히 가세요.
Hoş geldiniz. / Hoş geldin.	어서오십시오. / 어서 와.
Hoş bulduk.	'어서오세요'에 대한 답변 인사
Güle Güle.	안녕히 계세요. / 안녕히 가세요. (헤어질 때 인사)

Ek duraksama yeri 표현

인류는 소통했기에 생존하였다

각 강에서 학습한 내용을 응용하여 말할 수 있는 다양한 문장을 제시하였습니다. 새로운 어휘와 구문을 통해 문장을 구성하는 응용력을 기릅니다.

이 밖에 필수 단어, 문법 외에도 상황에 따른 단어, 문법, 회화 또는 주요 문장 패턴들을 제시하여 추가 학습 자료들을 보충했습니다.

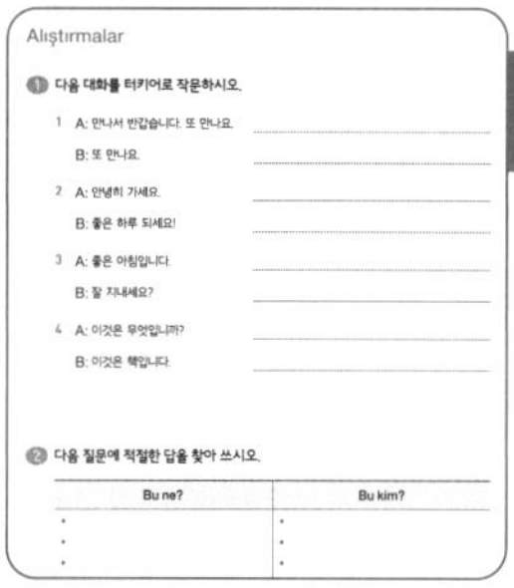
Alıştırmalar

❶ 다음 대화를 터키어로 작문하시오.

1 A: 만나서 반갑습니다. 또 만나요.
B: 또 만나요.

2 A: 안녕히 가세요.
B: 좋은 하루 되세요!

3 A: 좋은 아침입니다.
B: 잘 지내세요?

4 A: 이것은 무엇입니까?
B: 이것은 책입니다.

❷ 다음 질문에 적절한 답을 찾아 쓰시오.

Bu ne?	Bu kim?
•	•
•	•
•	•

Alıştırmalar 연습문제

말할 권리를 절대 옹호한다

각 강에서 학습한 내용을 정리합니다. 한글로 제시된 문장을 터키어로 말할 수 있는지 스스로 확인하고 복습하도록 합시다.

차 례

Content

준비학습

1 터키어 알파벳과 발음

0-1

터키어는 알파벳 그대로 발음하여 읽기 때문에 별도의 발음기호나 부호가 필요 없다. 한국어 발음에 없는 f, j, ö, r, ü, z 등은 최대한 한국어와 비슷한 발음으로 표기하였지만 실제 원어민 발음과는 차이가 있다. 청취 연습을 통하여 익숙해지도록 해야 한다.

알파벳			발음
A	a	[a, 아]	anne 어머니 ağaç 나무 araba 자동차
B	b	[be, 베]	baba 아버지 bayram 명절 balık 생선
C	c	[ce, 제]	'ㅈ'과 같이 발음한다. cuma 금요일 cüzdan 지갑
Ç	ç	[çe, 체]	영어의 'ch', 'ㅊ'과 같이 발음한다. çanta 가방 çocuk 아이 çorba 국, 스프
D	d	[de, 데]	dede 할아버지 dondurma 아이스크림
E	e	[e, 에]	eczane 약국 el 손 eski 옛, 오래된
F	f	[fe, 풰, 훼]	영어의 'f'와 같이 발음한다. fare 쥐 fıstık 땅콩 fil 코끼리
G	g	[ge, 게]	gazete 신문 gemi 배 gül 꽃
Ğ	ğ	[yumuşak ge, 유무샥 게]	모음 뒤에 붙어 앞 모음을 길게 발음해준다. iğne 주사, 바늘
H	h	[he, 헤]	hafta 주 hamam 하맘, 사우나 havuç 당근
I	ı	[ı, 으]	ıspanak 시금치 ızgara 그릴 ışık 빛
İ	i	[i, 이]	inek 소 insan 사람 ipek 비단
J	j	[je, 줴]	jambon 슬라이스 햄 jandarma 교통지구대 japon 일본인
K	k	[ke, 케]	kalem 연필 kedi 고양이 köpek 개
L	l	[le, 레]	limon 레몬 lira (터키) 리라 lise 고등학교
M	m	[me, 메]	mum 양초 memleket 고향 müze 박물관
N	n	[ne, 네]	nar 석류 nefes 숨 numara 번호
O	o	[o, 오]	ocak 1월 otel 호텔 otobüs 버스
Ö	ö	[ö, 외]	ödev 숙제 ördek 오리 örnek 예시
P	p	[pe, 페]	pamuk 솜 pencere 창문 polis 경찰
R	r	[re, 레]	radyo 라디오 resim 그림 rüya 꿈

S	s	[se, 세]	saat 시간, 시계 sabah 아침 sevgi 사랑
Ş	ş	[şe, 쉐]	영어의 'sh'와 같이 발음한다. şarap 와인 şeker 설탕 şemsiye 우산
T	t	[te, 테]	tarak 빗 temmuz 7월 tuz 소금
U	u	[u, 우]	uçak 비행기 un 밀가루 uzak 먼
Ü	ü	[ü, 위]	'위' 또는 '유'와 가깝게 발음한다. üç 숫자 3 ümit 희망 ütü 다리미
V	v	[ve, 붸 / 웨]	vazo 꽃병 vergi 세금 villa 주택
Y	y	[ye, 예]	yağmur 비 yumurta 달걀 yıldız 별
Z	z	[ze, ㅈ헤]	zeytin 올리브 zürafa 기린

2 모음

터키어의 모음은 **[a, e, ı, i, o, u, ö, ü]** 8개로 구성된다.

입술 모양 / 혀의 위치	평순모음(Düz ünlü)		원순모음(Yuvarlak ünlü)		
	개(開)모음 (Geniş ünlü)	폐(閉)모음 (Dar ünlü)	개(開)모음 (Geniş ünlü)	폐(閉)모음 (Dar ünlü)	
후설(後舌)모음 (Kalın ünlü)	a	ı	o	u	→ A형 모음
전설(前說)모음 (İnce ünlü)	e	i	ö	ü	→ E형 모음

1 평순모음(Düz ünlü)/원순모음(Yuvarlak ünlü)

발음 시 입술 모양이 둥글지 않은 경우 평순모음이라 하고, 둥근 경우 원순모음으로 분류한다.

2 개모음(Geniş ünlü)/폐모음(Dar ünlü)

발음 시 입은 많이 벌어지지만 혀의 높이가 낮은 경우 개모음(a, e, o, ö)이라 하고, 입은 작게 벌어지지만 혀의 위치가 높은 경우 폐모음(ı, i, u, ü)으로 분류한다.

3 전설모음(İnce ünlü)/후설모음(Kalın ünlü)

전설모음(e, i, ö, ü)은 혀가 앞쪽으로 나오면서 발음되는 모음이며, 후설모음(a, ı, o, u)은 혀가 뒤쪽으로 움츠리며 발음되는 모음이다. 이 책에서는 독자의 편의를 위하여 전설모음은 E형 모음, 후설모음은 A형 모음으로 표기한다.

모음조화

0-2

1 단어의 마지막 모음이 후설모음(a, ı, o, u)으로 끝날 때, 단어 뒤에 붙는 첨가어(조사, 어미, 접사 등)의 모음 형태 역시 a, ı, o, u가 된다.

ağaç + ta, baklava + da, karanlık + ta

2 단어의 마지막 모음이 전설모음(e, i, ö, ü)으로 끝날 때, 단어 뒤에 붙는 첨가어(조사, 어미, 접사 등)의 모음 형태 역시 e, i, ö, ü가 된다.

çiçek + çi, gözlük + çü

3 평순-개모음(a, e) 뒤에는 평순-개모음(a, e) 또는 평순-폐모음(ı, i)이 위치한다.

- a 모음에는 a 또는 ı가 후행한다.
- e 모음에는 e 또는 i가 후행한다.

patlıcan = a (düz/geniş) → ı (düz/dar) → a (düz/geniş)
seyirci = e (düz/geniş) → i (düz/dar) → i (düz/dar)

4 평순-폐모음(ı, i) 뒤에는 평순-폐모음(ı, i) 또는 평순-개모음(a, e)이 위치한다.

- ı 모음에는 ı 또는 a가 후행한다.
- i 모음에는 i 또는 e가 후행한다.

ıspanak = ı (düz/dar) → a (düz/geniş) → a (düz/geniş)
ipekli = i (düz/dar) → e (düz/geniş) → i (düz/dar)

5 원순-개모음(o, ö) 뒤에는 원순-폐모음(u, ü) 또는 평순-개모음(a, e)이 위치한다.

- o 모음에는 u 또는 a가 후행한다.
- ö 모음에는 ü 또는 e가 후행한다.

okunaklı = o (yuvarlak/geniş) → u (yuvarlak/dar) → a (düz/geniş) → ı (düz/dar)
öğrenci = ö (yuvarlak/geniş) → e (düz/geniş) → i (düz/dar)

6 원순-폐모음(u, ü) 뒤에는 원순-폐모음(u, ü) 또는 평순-개모음(a, e)이 위치한다.

- u 모음에는 u 또는 a가 후행한다.
- ü 모음에는 ü 또는 e가 후행한다.

ulaşım = u (yuvarlak/geniş) → a (düz/geniş) → ı (düz/dar)
ürünler = ü (yuvarlak/geniş) → ü (yuvarlak/dar) → e (düz/geniş)

모음조화 규칙이 적용되지 않는 예

1 외래어

예 arkeolog 고고학자, istasyon 역, kilogram 킬로그램, stüdyo 스튜디오, otobüs 버스, profesör 교수

2 어원이 터키어이지만 모음조화를 이루지 못하는 예외 단어

예 elma 사과, kardeş 형제, 동생, bugün 오늘, şisman 뚱뚱한

3 자음

터키어 자음은 모음 8개를 제외한 21개로 구성된다.

유성자음	b	c	d	g	ğ	j	l	m	n	r	v	y	z
무성자음	ç	f	h	k	p	s	ş	t					

자음동화

ç, k, p, t → c, g/ğ, b, d

단어의 끝음절이 무성자음 ç, k, p, t로 끝나고, 모음으로 시작하는 첨가어(조사, 어미, 접사 등)이 뒤따라오는 경우, 유성자음 c, g/ğ, b, d로 변화한다.

- p → b　kitap + Im(1인칭 소유격 조사)　→　kitabım 나의 책
- ç → c　ağaç + A(처격 조사)　→　ağaca 나무로/나무에
- t → d　git- + AlIm(1인칭 복수)　→　gidelim (우리) 가자!
- k → ğ　kitaplık + In　→　kitaplığın 책꽂이의

격음화

ç, f, h, k, p, s, ş, t에 c, d, g로 시작하는 접사가 뒤따라오는 경우 ç, t, k는 ç, t, k로 변화한다.

- +CA: 나라 이름 뒤에 붙는 경우 '그 나라의 언어'를 나타낸다.

  Türk + çe → Türkçe 터키어

  (선행하는 명사 Türk의 ü 때문에 +çe 형태로 나타난다.)

- +CI: 명사 뒤에 붙는 경우 '그 물건을 파는 사람' 또는 '그 직업에 종사하는 사람'을 나타낸다.

  kitap + çı → kitapçı 책 파는 사람　　çiçek + çi → çiçekçi 꽃 파는 사람

TIP

터키어에서 나라 이름 뒤에 붙어 그 나라의 언어를 나타내는 접사는 +CA이다. C를 대문자로 표기한 이유는, 선행하는 자음에 따라 C가 Ç로도 변할 수 있음을 명시하기 위함이다. A를 대문자로 표기한 경우, 선행하는 단어의 모음조화 규칙에 따라 +a(+e)로 변동할 수 있음을 보여주며, I의 경우 +ı(+i, ö, ü)로 변화할 수 있음을 보여준다. 이 책에서 접사가 대문자로 쓰인 경우, 선행하는 단어의 형태 즉, 음성환경에 변화 가능한 자음 또는 모음조화 규칙을 보여준다고 할 수 있다.

4 인칭

0-3

인칭대명사 (주격)

구분	단수	복수
1인칭	ben (나)	biz (우리)
2인칭	sen (너)	siz (너희/당신)
3인칭	o (그, 그녀, 그것)	onlar (그들)

- 동작의 주체가 되며, 문장의 주어에 해당한다.
- 터키어 주어에는 한국어에서처럼 주격 조사 '은/는' 또는 보조사 '이/가'가 나타나지 않으므로 주격인칭대명사만 단독으로 나타난다. 또한 서술어에서도 인칭 표시가 가능하기 때문에 주어의 생략 역시 자주 나타난다고 할 수 있다.
- '너희'의 의미를 가진 2인칭 복수 'siz'는 '당신'을 지칭하는 존칭으로도 사용될 수 있다. 연장자 또는 일면식이 없는 사이에 예의를 갖추어 사용한다.
- 그, 그녀, 그것을 일컫는 3인칭 단수는 모두 'o'라고 표현한다.
- 터키어에서 인칭어미는 명사/형용사 혹은 동사 뒤에서 두 가지 형태로 다르게 나타난다.

1 인칭어미가 모든 시제의 어미, 서법(명령법, 조건법, 가정법), 명사, 동사 뒤에 나타날 때

ben	-Im	Ben gidiyor-um./Ben doktor-um. 나는 가고 있다. / 나는 의사이다.
sen	-sIn	Sen gidiyor-sun./Sen doktor-sun. 너는 가고 있다. / 너는 의사이다.
o	-∅	O gidiyor-∅./O doktor-∅. 그(그녀)는 가고있다. / 그(그녀)는 의사이다.
biz	-Iz	Biz gidiyor-uz./Biz doktor-uz. 우리들은 가고있다. / 우리들은 의사이다.

siz	-sInIz	Siz gidiyor-sunuz./Siz doktor-sunuz. 너희들은 가고있다. / 너희들은 의사이다.
onlar	(-lAr)	Onlar gidiyor(-lar)./Onlar doktor(-lar). 그들은 가고 있다. / 그들은 의사이다.

* 인칭어미 역시 모음조화에 따라 그 형태를 달리한다.

2 인칭어미가 과거시제(-DI), 가정법, 조건법 뒤에 나타날 때

ben	-m	Ben gel-dim. 나는 왔다.
sen	-n	Sen gel-din. 너는 왔다.
o	-∅	O gel-di. 그는 왔다.
biz	-k	Biz gel-dik. 우리는 왔다.
siz	-nIz	Siz gel-diniz. 너희는 왔다.
onlar	(-lAr)	Onlar gel-di(ler). 그들은 왔다.

5 복수접사 +lAr

0-4

• 복수접사는 모음조화에 따라 그 형태를 달리한다. 단어의 마지막 모음이 A형 모음(a, ı, o, u)으로 끝나는 경우 lar, E형 모음(e, i, ö, ü)으로 끝나는 경우 ler를 사용한다.

araba: araba + lar 자동차들

bisiklet: bisiklet + ler 자전거들

• 수와 함께 사용되는 경우 복수접사를 사용하지 않는다.

yedi kızlar (×)

→ yedi kız 7명의 소녀

• 복수접사가 사람 이름과 함께 사용되는 경우, 가족 혹은 친구 등의 주변인들을 통틀어 지칭하기도 한다.

Nükhetler bu akşam sinemaya gidecek.

뉴켓과 그녀의 가족은 오늘 저녁에 영화를 보러갈 것이다.

• 문장의 주어를 3인칭 복수로서 언급한 경우, 종결어미에는 복수형을 사용할 수 없다.

Öğrenciler okula gidiyorlar. (×)

→ **Öğrenciler** okula gidiyor. 학생들은 학교에 간다.

KONU 01

인사하기 안녕하세요!

Merhaba!

Diyalog

1-1

Ahmet: Merhaba!
메르하바!

Yasemin: Merhaba! Benim adım Yasemin. Sizin adınız ne?
메르하바! 베님 아듬 야세민. 시진 아드느즈 네?

Ahmet: Benim adım Ahmet.
베님 아듬 아흐멧.

Yasemin: Tanıştığımıza memnun oldum.
타느쉬트으므자 멤눈 올둠.

Ahmet: Ben de memnun oldum.
벤 데 멤눈 올둠.

Yasemin: Nasılsınız?
나슬스느즈?

Ahmet: Teşekkür ederim, İyiyim. Siz nasılsınız?
테쉐큐르 에데림, 이임. 시즈 나슬스느즈?

Yasemin: Teşekkür ederim, Ben de iyiyim.
테쉐큐르 에데림, 벤 데 이임.

Ahmet: 안녕하세요!
Yasemin: 안녕하세요! 제 이름은 야세민입니다. 이름이 무엇입니까?
Ahmet: 제 이름은 아흐멧입니다.
Yasemin: 만나서 반갑습니다.
Ahmet: 저도 만나서 반갑습니다.
Yasemin: 어떻게 지내시나요?
Ahmet: 감사합니다, 잘 지냅니다. 어떻게 지내시나요?
Yasemin: 감사합니다, 저도 잘 지냅니다.

Sözcük

ben 나, 저
benim 나의, 저의
ad 이름
ne 무엇
memnun olmak 반갑다
nasıl 어떻게
iyi 좋은, 잘

Dil bilgisi

1 Bu, Şu, O와 Ne

◎ Bu는 '이것, 가까운 거리에 있는 사물', Şu는 '저것', O는 '그것, 먼 거리에 있는 사물'을 지칭한다. Ne는 '무엇'이라는 뜻을 가진다.

çanta 가방
elma 사과
kedi 고양이

Bu ne?	**Bu** çanta.	이것은 무엇입니까?	이것은 가방입니다.
Şu ne?	**Şu** elma.	저것은 무엇입니까?	저것은 사과입니다.
O ne?	**O** kedi.	그것은 무엇입니까?	그것은 고양이입니다.

한국어의 서술격 조사 '이다'는 명사/형용사만으로도 문장을 마무리할 수 있다.

2 Nerede

TIP
+DA라고 표기한 이유는 선행하는 단어의 마지막 자음에 따라 d는 t로, 모음에 따라 a는 e로 변할 수도 있음을 표시하기 위함이다.

◎ Nerede는 장소를 표현할 때 사용한다. '어디'라는 뜻을 가진 nere는 장소를 나타내는 장소격 조사 +DA(Bulunma eki: '에')와 함께 쓰여 '어디에'라는 뜻을 나타낸다.

◎ 'bu'와 'ara(사이)'의 결합으로 생성된 Bura는 '이곳, 여기'라는 뜻을 가진다. Bura도 +DA와 함께 쓰여 '이곳에, 여기에'라는 뜻을 나타낸다.

Çanta **nerede**?	Çanta **burada**.	가방은 어디에 있습니까?	가방은 여기에 있습니다.
Elma **nerede**?	Elma **şurada**.	사과는 어디에 있습니까?	사과는 저기에 있습니다.
Kedi **nerede**?	Kedi **orada**.	고양이는 어디에 있습니까?	고양이는 거기에 있습니다.

3 Kim

◎ Kim은 잘 모르는 사람을 가리키거나, 특정 사람이 아닌 막연한 '누구'를 가리키기 위해 사용한다.

öğretmen 선생님
polis 경찰
doktor 의사

Bu **kim**?	Bu öğretmen.	이 사람은 누구입니까?	이 사람은 선생님입니다.
Şu **kim**?	Şu Polis.	저 사람은 누구입니까?	저 사람은 경찰입니다.
O **kim**?	O doktor.	그 사람은 누구입니까?	그 사람은 의사입니다.

4 Neden/Niçin/Niye

◎ 어떤 사실에 대해 확인하거나 이유를 말할 때 사용하며, '왜' 또는 '무슨 까닭'이라는 뜻을 가진다.

Ahmet **neden** okula gelmedi? 아흐멧은 왜 학교에 안 왔니?

Ahmet hasta. 아흐멧은 지금 몸이 아픕니다.

Ayşe **niye** bu kadar çok çalışıyor?
아이셰는 왜 이렇게까지 공부를 열심히 합니까?

İyi not alabilmek için çok çalışıyor.
좋은 성적을 얻기 위해서 열심히 공부를 합니다.

okul 학교
gelmek 오다
gel-me-di 오지 않다, 안 오다
(*과거시제 -dI의 설명은 6과 참조)
hasta 환자, 몸이 아픈
bu kadar
이 정도, 이렇게까지
çok 매우, 많이
çalışmak 공부하다, 일하다
çalış-ı-yor 공부하고 있다
(*현재시제 -yor의 설명은 4과 참조)
not 성적, 점수
almak 얻다, 받다, 사다
mAk için ~하기 위해서

5 Nasıl

◎ 의문문에 쓰이는 Nasıl은 의견 또는 일의 성질이나 상태가 어떠한지를 설명하기 위해 사용하며, '어떻게'라는 뜻을 가진다.

Nasılsınız? 어떻게 지내십니까? / 잘 지내십니까?
(직역하면 '어떠십니까?'라는 뜻이지만, 형식화되어 상대방의 상태를 묻는 인사법이 되었다.)

Oraya **nasıl** gidebilirim? 그곳에 어떻게 갈 수 있습니까?

그 외에 '얼마나/매우 많이'라는 의미를 가지기도 한다.

Seni çok seviyorum! Hem de **nasıl**! 나는 너를 정말 사랑해! 정말 많이!

gitmek 가다
gid-ebil-ir-im
(내가) 갈 수 있다
(*가능성을 나타내는 -Abilr 용법은 11과 참조)
sevmek 사랑하다, 좋아하다

6 Ne zaman

◎ 의문문에 쓰이며, '언제'라는 뜻을 가진다.

Tatilimiz **ne zaman**? 휴가가 언제지?

Ödevimizi **ne zamana** kadar yapmalıyız? 우리는 숙제를 언제까지 해야만 하지?

Peki **ne zaman** gidelim? 그렇다면 언제 갈까?

tatil 휴가
ödev 숙제
kadar ~까지
yapmak 하다
yap-malı-yız
(우리는) 해야만 한다
(*mAlI의 의무 용법은 14과 참조)
peki 그렇다면

Ek duraksama yeri

1-2

● 기본 인사 표현

Günaydın!	안녕하세요! (아침 인사)
İyi günler!	좋은 하루 되세요! (낮 인사)
İyi akşamlar!	좋은 저녁입니다! (저녁 인사)
İyi geceler!	안녕히 주무세요! / 잘 자요! (밤 인사)
Merhaba!	안녕! / 안녕하세요!
Nasılsın? / Nasılsınız?	잘 지내요? / 잘 지내세요?

*터키어에서 가장 자주 쓰이는 인사 표현으로, 비격식체(Nasılsın)와 격식체(Nasılsınız)로 나뉜다.

İyiyim.	좋아요. / 잘 지내요.
Tanıştığımıza memnun oldum.	만나서 반갑습니다.
Görüşmek üzere.	또 만나요.
Hoşça kalın.	안녕히 계세요.
Hoş geldiniz. / Hoş geldin.	어서오십시오. / 어서 와.
Hoş bulduk.	'어서오세요.'에 대한 답변 인사
Güle Güle.	안녕히 계세요. / 안녕히 가세요. (헤어질 때 인사)

tanışmak
만나다, 서로 알게 되다

Alıştırmalar

1 다음 대화를 터키어로 작문하시오.

1 A: 만나서 반갑습니다. 또 만나요. ______

B: 또 만나요. ______

2 A: 안녕히 계세요 ______

B: 좋은 하루 되세요! ______

3 A: 좋은 아침입니다. ______

B: 잘 지내세요? ______

4 A: 이것은 무엇입니까? ______

B: 이것은 책입니다. ______

2 다음 질문에 적절한 답을 찾아 쓰시오.

Bu ne?	Bu kim?
•	•
•	•
•	•
•	•
•	•
•	•

• Bu bilgisayar.	• Bu öğretmen.	• Bu doktor.
• Bu hemşire.	• Bu cep telefonu.	• Bu kedi.
• Bu televizyon.	• Bu balıkçı.	• Bu taksi şöforü.
• Bu fotoğraf makinesi.	• Bu çorap.	• Bu öğrenci.

③ 다음 빈칸에 들어갈 알맞은 단어를 쓰시오.

1 그 사람은 누구입니까?

O ______________?

2 어디에 사십니까?

______________ yaşıyorsunuz?

3 왜 터키어를 배우십니까?

______________ Türkçe öğreniyorsunuz?

4 기차역에 어떻게 갈 수 있습니까?

Tren istasyonuna ______________ gidebilirim?

5 언제 학교에 갑니까?

______________ okula gidiyorsunuz?

KONU 02

출신 묻기 당신은 어디 출신인가요?

Nerelisiniz?

Diyalog

2-1

Nihal: Merhaba, Benim adım Nihal.
메르하바, 베님 아듬 니할.

Bora: Merhaba Nihal. Benim adım Bora.
메르하바 니할. 베님 아듬 보라.

Nihal: Bora, nerelisin?
보라, 네렐리신?

Bora: Ben Koreliyim. Ama İstanbul'da öğrenciyim.
벤 코렐리임. 아마 이스탄불다 외렌지임.

Nihal: Ben de İstanbulluyum. Nerede öğrencisin?
벤 데 이스탄불루윰. 네레데 외렌지신?

Bora: İstanbul Üniversitesinde öğrenciyim.
이스탄불 유니베르시테신데 외렌지임.

Nihal: Ben de İstanbul Üniversitesinde öğrenciyim. Tanıştığımıza memnun oldum.
벤 데 이스탄불 유니베르시테신데 외렌지임. 타느쉬트으므자 멤눈 올둠.

Bora: Ben de memnun oldum.
벤 데 멤눈 올둠.

Nihal: Görüşmek üzere. İyi günler.
괴뤼쉬멕 위제레. 이이 귄레르.

Bora: İyi günler.
이이 귄레르.

Nihal: 안녕, 내 이름은 니할이야.
Bora: 안녕 니할. 나는 보라라고 해.
Nihal: 보라, 어디 출신이니?
Bora: 나는 한국에서 왔어. 하지만 이스탄불에서 공부해.
Nihal: 나도 이스탄불 출신이야. 어디에서 공부하는데?
Bora: 이스탄불 대학에서 공부해.
Nihal: 나도 이스탄불 대학에서 공부해. 만나서 반가워.
Bora: 나도 반가워.
Nihal: 또 만나자. 좋은 하루 되길 바랄게.
Bora: 좋은 하루 보내.

Sözcük

nereli 어디 출신
öğrenci 학생
üniversite 대학

Dil bilgisi

1 출신지, 언어, 민족

Ülke 나라		Dil 언어		Millet 민족	
Türkiye	터키	Türkçe	터키어	Türk	터키인
Kore	한국	Korece	한국어	Koreli	한국인
Amerika	미국	İngilizce	영어	Amerikalı	미국인
İngiltere	영국			İngiliz	영국인
Almanya	독일	Almanca	독일어	Alman	독일인
Çin	중국	Çince	중국어	Çinli	중국인
Japonya	일본	Japonca	일본어	Japon	일본인
Fransa	프랑스	Fransızca	프랑스어	Fransız	프랑스인
Rusya	러시아	Rusça	러시아어	Rus	러시아인
Kazakistan	카자흐스탄	Kazakça	카자흐어	Kazak	카자흐인
Özbekistan	우즈베키스탄	Özbekçe	우즈벡어	Özbek	우즈벡인

Nerelisin? 어디 출신입니까?

Koreliyim. 한국에서 왔습니다.

TIP

일반적으로 터키인은 Türk이라고 지칭한다. 한국인(Koreli)처럼 나라명 뒤에 접사 '+lI'가 붙어 민족을 지칭하는 경우도 있지만, 해당 민족을 따로 지칭하는 단어가 존재하기도 한다. 예를 들어 Türkiyeli라고 표현하는 경우, 터키 국적을 가지고 있지만 터키 내에 거주하는 다른 민족일 가능성을 내포하고 있다고 할 수 있다.

◎ 국가명 뒤에 접사 +li, +lı, +lu, +lü를 붙이면 '그 지역 출신자'라는 단어가 형성된다. '+lI'는 모음조화 규칙에 따라 그 형태가 변화한다.

- 단어의 마지막 모음이 a/ı인 경우 → Mısırlı
- 단어의 마지막 모음이 e/i인 경우 → Norveçli/Çinli
- 단어의 마지막 모음이 o/u인 경우 → Ekvadorlu/Tunuslu
- 단어의 마지막 모음이 ö/ü인 경우 → Ürdünlü

◎ 국가명 뒤에 접사 +CA를 붙이면 '그 국가의 언어'라는 단어가 형성된다. 이 역시 모음조화 규칙에 따라 그 형태가 변화한다. 단어가 ç, f, h, k, p, s, ş, t로 끝나는 경우 +çA의 형태로, 그 외의 자음으로 끝나는 경우 +cA의 형태로 나타난다.

- Türk+çe, Rus+ça
- Kore+ce, Fransız+ca, Alman+ca

2 '~이 입니다', '~이 아닙니다'

1) 긍정문

터키어에는 '~이다/입니다'에 해당하는 서술격 조사가 없다. 그 대신 명사, 형용사에 인칭어미를 붙여 '(주어)는 ~입니다'의 뜻을 표현한다.

<table>
<tr><td rowspan="2">ben
sen
o
biz
siz
onlar</td><td rowspan="2">+</td><td>명사</td><td rowspan="2">+</td><td rowspan="2">-(y)ım, -(y)im, -(y)um, -(y)üm
-sın, -sin, -sun, -sün
∅
-(y)ız, -(y)iz, -(y)uz, -(y)üz
-sınız, -siniz, -sunuz, -sünüz
∅</td></tr>
<tr><td>형용사</td></tr>
</table>

Ben Koreliyim. 나는 한국인입니다.
Sen Korelisin. 너는 한국인입니다.
O Koreli. 그/그녀는 한국인입니다.
Biz Koreliyiz. 우리는 한국인입니다.
Siz Korelisiniz. 너희는/당신은 한국인입니다.
Onlar Koreli. 그들은 한국인입니다.

Koreli 한국인

TIP
단어가 모음으로 끝나는 경우 발음의 편리성을 위하여 반모음 y가 동반된다.

Ben güzelim. 나는 예쁩니다.
Sen güzelsin. 너는 예쁩니다.
O güzel. 그/그녀는/그것은 예쁩니다.
Biz güzeliz. 우리는 예쁩니다.
Siz güzelsiniz. 너희는/당신은 예쁩니다.
Onlar güzel. 그들은 예쁩니다.

güzel 예쁜, 아름다운

⊙ 단어의 마지막 자음이 ç, k, p, t로 끝나며, 1인칭 단수/복수어미(-Im/-Iz)와 함께 사용되는 경우 ç → c, k → ğ/g, p → b, t → b로 변화한다.

genç → genc-im, genc-iz
korkak → korkağ-ım, korkağ-ız

2) 긍정 의문문

긍정 의문문은 명사, 대명사, 형용사 바로 뒤에 의문사 mI가 따라오며, 의문사는 인칭어미와 함께 사용된다. 의문사 mI는 선행하는 단어의 마지막 모음의 형태에 따라 mı, mi, mu, mü로 변화하며, '~입니까?'라는 뜻을 표현한다.

ben sen o biz siz onlar	+	명사 형용사	+	mıyım, miyim, muyum, müyüm mısın, misin, musun, müsün mı, mi, mu, mü mız, miyiz, muyuz, müyüz mısınız, misiniz, musunuz, müsünüz +lar mı, +ler mi

Ben Koreli miyim? 나는 한국인입니까?
Sen Koreli misin? 너는 한국인입니까?
O Koreli mi? 그/그녀는 한국인입니까?
Biz Koreli miyiz? 우리는 한국인입니까?
Siz Koreli misiniz? 너희는/당신은 한국인입니까?
Onlar Koreli mi? 그들은 한국인입니까?

Ben güzel miyim? 나는 예쁩니까?
Sen güzel misin? 너는 예쁩니까?
O güzel mi? 그/그녀는/그것은 예쁩니까?
Biz güzel miyiz? 우리는 예쁩니까?
Siz güzel misiniz? 너희는/당신은 예쁩니까?
Onlar güzeller mi? 그들은 예쁩니까?

3) 부정문

부정문은 명사, 형용사에 '~이 아니다'라는 뜻을 지닌 'değil'과 함께 인칭어미를 붙여 '~이 아닙니다/아니다'라는 뜻을 표현한다.

ben sen o biz siz onlar	+	명사 형용사	+	değilim değilsin değil değiliz değilsiniz değiller

Ben Koreli değilim. 나는 한국인이 아닙니다.
Sen Koreli değilsin. 너는 한국인이 아닙니다.
O Koreli değil. 그/그녀는 한국인이 아닙니다.

Biz Koreli değiliz. 우리는 한국인이 아닙니다.
Siz Koreli değilsiniz. 너희는/당신은 한국인이 아닙니다.
Onlar Koreli değil. 그들은 한국인이 아닙니다.

Ben güzel değilim. 나는 예쁘지 않습니다.
Sen güzel değilsin. 너는 예쁘지 않습니다.
O güzel değil. 그/그녀는 예쁘지 않습니다.
Biz güzel değiliz. 우리는 예쁘지 않습니다.
Siz güzel değilsiniz. 너희는/당신은 예쁘지 않습니다.
Onlar güzel değil. 그들은 예쁘지 않습니다.

4) 부정 의문문

부정 의문문은 긍정 의문문에 'değil'를 붙여 '~아닙니까?'라는 뜻을 표현한다.

ben sen o biz siz onlar	+	명사 형용사	+	değil miyim değil misin değil mi değil miyiz değil misiniz değil mi

Ben Koreli değil miyim? 나는 한국인이 아닙니까?
Sen Koreli değil misin? 너는 한국인이 아닙니까?
O Koreli değil mi? 그/그녀는 한국인이 아닙니까?
Biz Koreli değil miyiz? 우리는 한국인이 아닙니까?
Siz Koreli değil misiniz? 너희는/당신은 한국인이 아닙니까?
Onlar Koreli değil mi? 그들은 한국인이 아닙니까?

Ben güzel değil miyim? 나는 예쁘지 않습니까?
Sen güzel değil misin? 너는 예쁘지 않습니까?
O güzel değil mi? 그/그녀는 예쁘지 않습니까?
Biz güzel değil miyiz? 우리는 예쁘지 않습니까?
Siz güzel değil misiniz? 너희는/당신은 예쁘지 않습니까?
Onlar güzel değil mi? 그들은 예쁘지 않습니까?

TIP

Ne(무엇)와 Kim(누구)과 같은 의문대명사는 따로 의문사 mI를 수반하지 않는다.

sınıf 교실
öğretmen 선생님
kitap 책
kalem 연필
defter 공책
sandalye 의자
masa 책상
bilgisayar 컴퓨터
bebek 아기
buzdolabı 냉장고
ocak 가스레인지
yatak 침대
kanepe 소파
sabun 비누
musluk 수도꼭지
ağaç 나무

TIP

마지막 음절의 모음		의문사
a, ı	→	mı
e, i	→	mi
o, u	→	mu
ö, ü	→	mü

TIP

터키어의 문법에서는 학자마다 다르지만, 일반적으로 '조사' 대신 '장소격어미' 혹은 '장소격접사'라는 용어를 쓴다.

본고에서는 학교 문법에 익숙한 한국어 화자의 이해를 돕기 위해 '조사' 용어를 택했다. 장소격 이외에도 여격, 처격, 방향격 등에도 동일하게 적용된다.

3 var/yok

◎ Var는 '있다', Yok은 '없다'의 뜻을 나타낸다.

Kim **var**?	Ne **var**?	누가 있습니까?	무엇이 있습니까?
Kim **yok**?	Ne **yok**?	누가 없습니까?	무엇이 없습니까?

Sınıfta kim/ne var? 교실에 누가/무엇이 있습니까?		Sınıfta kim/ne yok? 교실에 누가/무엇이 없습니까?	
Öğretmen var.	선생님이 있습니다.	Bebek yok.	아기가 없습니다.
Kitap var.	책이 있습니다.	Buzdolabı yok.	냉장고가 없습니다.
Öğrenci var.	학생이 있습니다.	Ocak yok.	가스레인지가 없습니다.
Kalem var.	연필이 있습니다.	Yatak yok.	침대가 없습니다.
Defter var.	공책이 있습니다.	Kanepe yok.	소파가 없습니다.
Sandalye var.	의자가 있습니다.	Sabun yok.	비누가 없습니다.
Masa var.	책상이 있습니다.	Musluk yok.	수도꼭지가 없습니다.
Bilgisayar var.	컴퓨터가 있습니다.	Ağaç yok.	나무가 없습니다.

4 의문문

◎ Var + mı: var의 마지막 음절의 모음이 a이므로, 모음조화에 따라 의문사의 형태가 mı로 사용된다.

Kitap var mı? Evet, kitap var. 책이 있습니까? 네, 책이 있습니다.

◎ Yok + mu: Yok의 마지막 음절의 모음이 o이므로, 모음조화에 따라 의문사의 형태가 mu로 사용된다.

Bebek yok mu? Hayır, bebek yok. 아기가 있습니까? 아니요, 아기가 없습니다.

5 +DA (Bulunma eki): 장소격 조사

◎ '~에/~에서'라는 의미를 나타내는 장소격 조사 +DA는 어떤 시점이나 장소를 나타낸다. +DA에 선행하는 단어의 마지막 음절 모음과 자음에 따라 그 형태가 변화한다.

- 단어의 마지막 음절의 모음이 a, ı, o, u인 경우
  → +da masa+da
- 단어의 마지막 음절의 모음이 e, i, ö, ü인 경우
  → +de hastane+de
- 단어의 마지막 음절의 자음이 무성자음(ç, f, h, k, p, s, ş, t)인 경우
  → d → t로 변화 ağaç+ta, sınıf+ta

- 'Kimde~?(누구에/누구에게)', 'Nerede~?(어디에/어디에서)'라는 질문과 그의 대답에 사용할 수 있다.

Kimde kitap var?	누구에게 책이 있나요?
Ali'de kitap var.	알리에게 책이 있습니다.
O nerede çalışıyor?	어디에서 일하나요?
Hastane + de çalışıyor.	병원에서 일합니다.

- '~도'라는 의미를 표현하기 위하여 +DA를 사용하기도 한다. 이때 +DA는 선행하는 단어와 띄어서 표기한다. 선행하는 단어의 모음조화에 따라 A형 모음(a, ı, o, u) 뒤에는 da, E형 모음(e, i, ö, ü) 뒤에는 de를 사용한다.

Ben de istiyorum.	나도 원한다.
Evde de var.	집에도 있다.

Ek duraksama yeri

2-2

터키는 아침식사로도 유명하다. 아침식사를 지칭하는 단어(Kahvaltı)가 따로 있을 정도로 아침식사를 중요시 여기는 터키인들은 주로 빵과 함께 다양한 종류의 치즈, 잼, 올리브, 꿀, 달걀, 버터 등을 즐긴다.

Kahvaltıda ne var?	아침식사에 무엇이 있어요? / 아침식사 메뉴가 뭐예요?
Akşam yemeğinde ne var?	저녁식사 메뉴가 뭐예요?
Kahvaltıda zeytin, peynir, yumurta, bal, tereyağı, ekmek ve çay var.	아침식사에 올리브, 치즈, 달걀, 꿀, 버터, 빵 그리고 홍차가 있어요.
Başka bir şey yok mu?	또 다른 것은 없나요?
Meyveler de var.	과일들도 있어요.
Bahçede ağaç var mı?	정원에 나무가 있습니까?
Evet, bahçede ağaç var.	네, 정원에 나무가 있습니다.
Peki çiçekler var mı?	그렇다면 꽃들이 있습니까?
Evet, çiçekler de var.	네, 꽃들도 있습니다.
Ev büyük mü?	집은 큽니까?
Hayır, Ev küçük.	아니요, 집은 작습니다.

kahvaltı 아침식사
zeytin 올리브
peynir 치즈
yumurta 달걀
bal 꿀
tereyağı 버터
ekmek 빵
çay 차
başka 또 다른
şey 것
meyve 과일

Alıştırmalar

1 다음 단어 뒤에 출신지를 나타내는 +lI를 연결하시오.

1 Kore → ______________

2 Çin → ______________

3 Almanya → ______________

4 Tunus → ______________

5 Kazakistan → ______________

6 Mısır → ______________

2 다음 단어 뒤에 적절한 형태의 처격 조사(+DA)를 연결하시오.

1 ev → ______________

2 sınıf → ______________

3 resim → ______________

4 havuz → ______________

5 mutfak → ______________

6 oda → ______________

KONU 03

가족소개 나의 가족

Benim Ailem

Okuma

3-1

Merhaba. Benim adım Altay.
메르하바. 베님 아듬 알타이.

21 yaşındayım. Üniversite öğrencisiyim. 3.sınıftayım.
이르미비르 야쉰다임. 유니베르시테 외렌지시임. 위휜지 스느프타임.

Doğum tarihim 18/05/1998. Ankaralıyım.
도움 타리힘 온세키즈 마이으스 빈도쿠즈유즈 독산 세키즈. 앙카랄르임.

Babamın adı Yener. Annemin adı Zeliha. Benim kardeşim yok.
바바믄 아드 예네르. 안네민 아드 젤리하. 베님 카르데심 욕.

안녕하세요. 제 이름은 알타이입니다.
21살입니다. 대학생입니다. 3학년에 재학 중입니다.
1998년 5월 18일생입니다. 앙카라에서 태어났습니다.
아버지의 이름은 예네르입니다. 어머니의 이름은 젤리하입니다. 저는 동생이 없습니다.

Sözcük

yaş 나이
sınıf 반, 학년
doğum tarihi 생년월일
baba 아버지
anne 어머니
kardeş 동생

Diyalog

3-2

Sözcük

kaç 몇

erkek kardeş 남동생

Yelin: **Senin kaç kardeşin var?**
세닌 카춰 카르데쉰 바르?

Öznur: **Benim iki kardeşim var. Can ve Ceren.**
베님 이키 카르데쉼 바르. 잔 붸 제렌.

Senin kaç kardeşin var?
세닌 카춰 카르데쉰 바르?

Yelin: **Benim bir erkek kardeşim var. Adı Oğuz.**
베님 비르 엘켁 카르데쉼 바르. 아드 오우즈.

Senin kardeşlerin kaç yaşında?
세닌 카르데쉬레린 카춰 야쉰다?

Öznur: **Can 19 yaşında, Ceren 15 yaşında.**
잔 온두쿠즈 야쉰다. 제렌 온베쉬야쉰다.

Yelin: 너희 형제가 몇 명이니?

Öznur: 나는 두 명의 동생이 있어. 이름은 잔 그리고 제렌이야.
너는 형제가 몇이니?

Yelin: 나는 남동생이 하나 있어. 이름은 오우즈야.
너의 동생들은 몇 살이니?

Öznur: 잔은 19살이고, 제렌은 15살이야.

Dil bilgisi

1 İyelik ekleri: 소유격 조사

소유격 조사는 사람 이외에도 단체, 나라 그리고 동물을 지칭하는 명사와 함께 사용된다. 소유격 조사는 하나와 다른 하나와의 소유관계를 표시한다.

ben	ben + im	araba + m	kalem + im
sen	sen + in	araba + n	kalem + in
o	o + nun	araba + sı	kalem + i
biz	biz + im	araba + mız	kalem + iz
siz	siz + in	araba + nız	kalem + iniz
onlar	onlar + ın	araba + ları	kalem + leri

◎ 소유격 조사(~의)가 나타내는 명사의 마지막 음절이 모음인 경우에는 인칭을 나타내는 조사(+m, +n, +mız, +(s)ı, +nız, +ları)가 붙지만, 마지막 음절이 자음인 경우에는 발음의 편리성을 위하여 모음조화에 따라 'ı, i, u, ü'가 인칭 조사 앞에 붙는다.

- 명사가 a, ı로 끝나면 뒤따라 오는 모음은 ı가 된다. a, ı → ı
- 명사가 e, i로 끝나면 뒤따라 오는 모음은 i가 된다. e, i → i
- 명사가 o, u로 끝나면 뒤따라 오는 모음은 u가 된다. o, u → u
- 명사가 ö, ü로 끝나면 뒤따라 오는 모음은 ü가 된다. ö, ü → ü

◎ 다만 3인칭은 마지막 음절이 모음인 경우 발음의 편리성을 위하여 매개자음 s가 +ı, i, u, ü에 선행한다.

ben + im öğrenci + m 나의 학생
sen + in arkadaş + ın 너의 친구
o + nun araba + sı 그의 자동차
biz + im öğretmen + imiz 우리의 선생님
siz + in anne + niz 너희들의 어머니/당신의 어머니
onlar + ın futbol takım + ı 그들의 축구팀

◎ k, ç로 끝나는 단어의 소유격을 나타내는 경우 k → ğ, ç → c로 발음한다.

yatak 침대 → ben + im yatağ + ım 나의 침대
ağaç 나무 → sen + in ağac + ın 너의 나무

*benim, senin, onun, bizim, sizin, onların은 생략될 수 있다.

2 İsim tamlamaları: 명사 수식

1) Belirtili İsim Tamlaması: 한정적 명사 수식

◎ 3인칭 단수의 소유격 활용 형태와 비슷하다. 의미 역시 소유 또는 소속을 뜻한다.

o + nun araba + sı	그/그녀의 자동차
⇩	
sema + nın araba + sı	세마의 자동차

◎ 수식어와 피수식어가 함께 구성되는데 이때 수식어 뒤에는 소유격 조사(+In)를 동반한다. 명사가 모음으로 끝나는 경우 매개자음 n이 따라온다.

Ahmet + in	kalem + i	아흐멧의 연필
masa + nın	üst + ü	책상 위
수식어	피수식어	

◎ 한정적 명사 수식법에서는 수식어와 피수식어 사이에 피수식어를 부가/보충 설명하는 형용사가 동반될 수도 있다.

kitab + ın **ilk iki** sayfa + sı	책의 첫 두 페이지
Gülşa'nın **iki** arabası var.	컬샤에게는 자동차가 두 대 있다.

2) Belirsiz İsim Tamlaması: 비한정 명사 수식

비한정 명사 수식에서는 수식 명사 뒤에 따로 소유격 조사가 붙지 않는다.

◎ 사물이 속해있는 그룹 혹은 종류를 설명하기 위하여 사용한다.

Bugün bayan elbiseler+i %30 indirimli.
오늘 여성복이 30% 할인을 한다.
→ 기성복들 중 여성복을 의미한다.

Trafik kaza+sı yüzünden 3 kişi yararlandı.
교통사고로 인하여 3명의 인명피해가 있었다.
→ 각종 사고 중 교통사고를 의미한다.

◎ 특정 사물을 수식하는 것이 아니라 조금 더 일반적인 것을 설명할 때 쓰이기 때문에 수식 명사 뒤에 소유격 조사(+In)를 수반하지 않는다.

Giriş kapı+sı kilitli. Yabancılar giremez.
출입문이 잠겨있다. 외부인은 들어갈 수 없다.

⊙ 피수식어가 한정용법과 비한정용법에 동시에 속하는 경우 다음과 같은 형태로 나타난다.

<한정용법(~의 것)〉 〈비한정용법〉

Ben + im bardağ + ım — çay bardağ + ı

나의 유리잔 — 찻잔

→ Ben + im çay bardağ + ım — 나의 찻잔

Mert + in kardeşi — kız kardeş

메르트의 동생 — 여동생

→ Mert + in kız kardeş + i — 메르트의 여동생

⊙ 비한정수식은 특정 사물의 명칭으로 사용될 수 있다.

Ankara + üniversite = Ankara üniversite**si** — 앙카라대학교

tuz + göl = Tuz göl**ü** — 소금호수

Pazartesi + gün = Pazartesi gün**ü** — 월요일

Türk + havayollar = Türk havayolları — 터키항공

yatak + oda = yatak oda**sı** — 침실

3 Sayılar: 기수와 서수

1) 기수

0	1	2	3	4	5	6	7	8	9
sıfır	bir	iki	üç	dört	beş	altı	yedi	sekiz	dokuz

10	11	12	13	14
on	on bir	on iki	on üç	on dört
15	16	17	18	19
on beş	on altı	on yedi	on sekiz	on dokuz
20	30	40	50	60
yirmi	otuz	kırk	eli	altmış
70	80	90	100	123
yetmiş	seksen	doksan	yüz	yüz yirmi üç
1,000	10,000	100,000	1,000,000	
bin	on bin	yüzbin	bir milyon	

2) 서수

'~번째'의 의미를 가진다. 의존명사 +Incl는 모음조화 규칙에 따라 형태를 달리한다.

- a, ı: + ıncı: 6. = 6'ıncı = altıncı
- e, i: + inci: 7. = 7'inci = yedinci
- o, u: + uncu: 10. = 10'uncu = onuncu
- ö, ü: + üncü: 3. = 3'üncü = üçüncü

첫 번째	birinci	1'inci
두 번째	ikinci	2'nci
세 번째	üçüncü	3'ncü
네 번째	dördüncü	4'üncü
다섯 번째	beşinci	5'inci
여섯 번째	altıncı	6'ncı
일곱 번째	yedinci	7'nci
여덟 번째	sekizinci	8'inci
아홉 번째	dokuzuncu	9'uncu
열 번째	onuncu	10'uncu
스무 번째	yirminci	20'nci

Ek duraksama yeri

3-3

1 Benim ailem 나의 가족

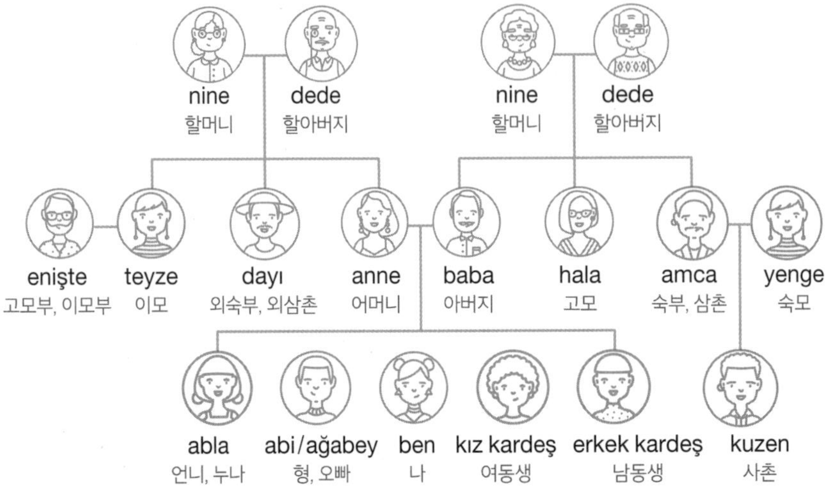

2 Benim evim 나의 집

çocuk odası(어린이 방)
oyuncak, sandalye, çalışma masası
장난감 의자 책상

yatak odası(침실)
yatak, gardırop, lamba, ayna
침대 옷장 전등 거울

banyo(욕실)
tuvalet, ayna, havlu, küvet, duş
변기 거울 수건 욕조 샤워기

mutfak(부엌)
buzdolabı, musluk, fırın
냉장고 수도 오븐

oturma odası(거실)
halı, kanepe, televizyon, pencere, perde
카펫 소파 텔레비전 창문 커튼

3 Renk 색

beyaz	흰색	sarı	노란색	mavi	파란색
kırmızı	빨간색	yeşil	녹색	siyah	검은색
mor	보라색	turuncu	주황색	kahverengi	갈색
gri	회색	lacivert	남색	pembe	분홍색

mavi göz 파란 눈　　kırmızı kiraz 빨간 체리
sarı çiçek 노란 꽃　　yeşil çay 녹차

⊙ 형용사의 첫 음절에 -m-, -p-, -r-, -s-를 덧붙여 반복해주면 강조의 의미가 된다.

beyaz = be-m-beyaz 매우 흰, 새하얀
ince = i-p-ince 매우 가는
temiz = te-r-temiz 매우 깨끗한
mavi = ma-s-mavi 매우 파란, 새파란

-M-

beyaz	하얀	be-m-beyaz	bembeyaz çamaşır	새하얀 속옷
yeşil	녹색의	ye-m-yeşil	yemyeşil orman	매우 푸른 숲
sıcak	더운/뜨거운	sı-m-sıcak	sımsıcak hamam	매우 뜨거운 하맘
boş	빈	bo-m-boş	bomboş oda	텅 빈 방
başka	다른	ba-m-başka	bambaşka insan	매우 다른 사람
düz	곧은	dü-m-düz	dümdüz yol	매우 곧은 길

-P-

karanlık	어두운	ka-p-karanlık	kapkaranlık oda	매우 어두운 방
dar	좁은	da-p-dar	dapdar sokaklar	매우 좁은 골목
ıslak	젖은	ı-p-ıslak	ıpıslak çorap	매우 흠뻑 젖은 양말
sarı	노란	sa-p-sarı	sapsarı çiçek	샛노란 꽃
taze	신선한	ta-p-taze	taptaze yumurta	매우 신선한 달걀
uzun	긴/키가 큰	u-p-uzun	upuzun ip	매우 긴 줄
yeni	새/새로운	ye-p-yeni	yepyeni kitap	매우 새 책

⊙ 예외적으로 아래의 형용사는 -p- 뒤에 모음을 수반한다.

sağlam	튼튼한/견고한	sa-pa-sağlam	sapasağlam gemiler	매우 튼튼한 배들
yalnız	외로운/고독한	ya-pa-yalnız	yapayalnız kadın	매우 고독한/외로운 여자

-R-

temiz	깨끗한	te-r-temiz	tertemiz ev	매우 깨끗한 집

-S-

mavi	파란	ma-s-mavi	masmavi gökyüzü	새파란 하늘
mor	보라색의	mo-s-mor	mosmor kollar	시퍼렇게 멍이 든 팔 (보라색의 팔)
koca	큰/거대한	ko-s-koca	koskoca adam	다 큰 어른
yuvarlak	둥근	yu-s-yuvarlak	yusyuvarlak top	매우 둥근 공

Alıştırmalar

1 다음 문장을 우리말로 번역하시오.

> Merhaba. Benim adım Mehmet. Burası bizim evimiz. Üç yatak odası, bir oturma odası, bir mutfak, bir banyo var. Benim odamda gardırop, çalışma masası ve yatak var. Oturma odasında koltuk, televizyon ve sehpa var. Mutfakta buzdolabı, ocak var. Balkonda sandalye var. Bahçemiz çok büyük ama havuz yok.

____

____

____

____

____

2 명사수식법에 따라 다음 빈칸을 채우시오.

1 Pınar____ iş____ çok zor.

2 Aybike____ gözler__ masmavi.

3 Ahmet____ eller__ çok büyük.

4 Bu ofis____ eşyalar__ çok eski.

5 Siz____ kapı komşu____ çok meraklı.

6 Biz___ el sabun_____ bitmiş.

7 Altay___ kız kardeş___, Ankara üniversite______ de okuyor.

3 다음 숫자를 터키어로 쓰시오.

1 4 ____________________

2 7 ____________________

3 12 ____________________

4 35 ____________________

5 72 ____________________

6 90 ____________________

7 100 ____________________

8 123 ____________________

9 193 ____________________

10 1998 ____________________

4 다음을 터키어로 쓰시오.

1 나의 집 ____________________

2 너의 학교 ____________________

3 그의 자동차 ____________________

4 우리의 마을 ____________________

5 너희들의 연필 ____________________

6 그들의 공책 ____________________

KONU 04

취미소개 나의 취미

Benim Hobim

Okuma

4-1

Benim adım Merve. Türk'üm. İstanbulluyum. İstanbul Teknik
베님 아듬 메르베. 튀르큠. 이스탄불루윰. 이스탄불 테크닉
Üniversitesi'nde okuyorum. Türkçe, İngilizce ve Almanca
유니베르시테신데 오쿠요룸. 튀르크체, 인길리즈제 붸 알만자
biliyorum. Şimdi Korece öğreniyorum. Kore kültürüne çok
빌리요룸. 쉼디 코레제 외레니요룸. 코레 큘투루네 촉
meraklıyım. Bu yaz tatilinde Koreye gitmeyi düşünüyorum. Benim
메락르임. 부 야즈 타틸린데 코레예 기트메이 듀슈뉴요룸. 베님
yabancı çok arkadaşım var. Micheal, Fransızdır. O futbol oynamayı
야반지 촉 알카다쉬라름 바르. 미쉘, 프란스즈드르. 오 풋볼 오이나마이
çok seviyor. Her gün dersten sonra futbol oynuyor. Anastasia,
촉 세비요르. 헤르 균 데르스텐 손라 풋볼 오이누요르. 아나스타샤,
Rustur. Keman çalmayı çok seviyor. Hafta sonları keman kursuna
루스투르. 케만 찰마이 촉 세비요르. 하프타 손라르 케만 쿠르수나
gidiyor. Rusça, İngilizce ve Türkçe biliyor. Hans, Almandır. O
기디요르. 루스차, 인길리즈제 붸 튀르크체 빌리요르. 한스, 알만드르. 오
bana Almanca öğretiyor. Ben de ona Türkçe öğretiyorum. Şarkı
바나 알만자 외레티요르. 벤 데 오나 튀르크체 외레티요룸. 샤르크
söylemeyi çok seviyor. Çok güzel şarkı söylüyor.
쇠일레메이 촉 세비요르. 촉 귀젤 샤르크 쇠일뤼요르.

제 이름은 메르베입니다. 터키사람입니다. 이스탄불 출신입니다. 이스탄불 공과대학에서 공부합니다. 터키어, 영어 그리고 독일어를 합니다. 현재는 한국어를 배웁니다. 한국 문화에 관심이 많습니다. 이번 여름방학에 한국에 갈 생각입니다. 저는 외국인 친구가 많습니다. 미쉘 프랑스인입니다. 그는 축구를 매우 좋아합니다. 매일 방과 후에 축구를 합니다. 아나스타샤는 러시아인입니다. 바이올린 켜는 것을 매우 좋아합니다. 매주 주말 바이올린 수업에 갑니다. 러시아어, 영어 그리고 터키어를 합니다. 한스는 독일인입니다. 그는 저에게 독일어를 가르쳐줍니다. 저도 그에게 터키어를 가르쳐줍니다. 그는 노래부르는 것을 매우 좋아합니다. 그는 노래를 잘 부릅니다.

Sözcük

- okumak 읽다, 공부하다
- bilmek 알다
- şimdi 지금, 현재
- kültür 문화
- çok 매우
- yaz tatili 여름방학
- yabancı 외국인
- futbol oynamak 축구를 하다
- her gün 매일
- ders 수업
- sonra 이후에
- keman 바이올린
- çalmak 악기를 연주하다, 훔치다 (piyano çalmak 피아노를 연주하다 keman çalmak 바이올린을 연주하다)
- hafta sonu 주말
- kurs 수업
- şarkı söylemek 노래를 부르다

Dil bilgisi

1 Şimdiki Zaman: 현재시제

⊙ 말하는 시점을 기준으로 표현하고자 하는 사건이나 상태의 시점이 같은 경우를 나타낸다. 현재의 사건이나 행동, 상태 등을 나타내는 시제이다.

주어	동사	부정사	현재시제	의문사	인칭어미
ben	yürü	mı	-yor	mu	-um/-yum
sen	uyu	mi	-ıyor		-sun
o	al	mu	-iyor		-
biz	gel	mü	-uyor		-uz/-yuz
siz	gül		-üyor		-sunuz
onlar	gir				(-lar)

yürümek 걷다
uyumak 자다
almak 받다, 얻다, 사다
gelmek 오다
gülmek 웃다
girmek 들어가다, 들어오다

⊙ 평서문

- 터키어의 동사원형이 예를 들어, git-mek(가-다), oku-mak(읽-다)일 때, 'git-', 'oku-'는 동사의 어간, '-mAk'은 한국어에서 '~다'의 의미를 나타내는 종결어미이다.

- 동사의 어간이 모음으로 끝나는 경우, 어간의 마지막 모음 바로 이전에 나타나는 모음의 형태에 따라 -yor와 결합하는 형태가 바뀐다.

• a, ı → ıyor　ağla-**mak** 울다 → ağl**ı**-yor
　　　　　　　başla-**mak** 시작하다 → başl**ı**-yor
• e, i → iyor　bekle-**mek** 기다리다 → bekl**i**-yor
• o, u → uyor　oyna-**mak** 놀다 → **oynu**-yor
　　　　　　　uyu-mak 자다 → uy**u**-yor
　　　　　　　oku-mak 읽다 → ok**u**-yor
• ö, ü → üyor　söyle-**mek** 말하다 → söly**ü**-yor

- 동사의 어간이 자음으로 끝나는 경우, 어간의 마지막 모음 바로 이전에 나타나는 모음의 형태에 따라 -yor와 결합하는 형태가 바뀐다.

çalışmak 공부하다, 일하다 → çalış-**ı**-yor (çalışayor ×)
bilmek 알다 → bil-**i**-yor
bulmak 찾다 → bul-**u**-yor
duymak 듣다 → duy-**u**-yor
görmek 보다 → gör-**ü**-yor
düşünmek 생각하다 → düşün-**ü**-yor

⊙ 부정문

- 부정문은 -yor 어미 앞에 부정사 -mI를 넣어 만든다.
- 동사의 어간이 모음으로 끝나는 경우, 마지막 모음의 형태에 따라 -yor와 결합하는 부정사의 형태가 바뀐다.

• a, ı → mı	ağlamak 울다	→	ağla-**mı**-yor
	başlamak 시작하다	→	başla-**mı**-yor
	oynamak 놀다	→	oyna-**mı**-yor
• e, i → mi	beklemek 기다리다	→	bekle-**mi**-yor
	söylemek 말하다	→	söyle-**mi**-yor
• o, u → mu	uyumak 자다	→	uyu-**mu**-yor
	okumak 읽다	→	oku-**mu**-yor
• ö, ü → mü	üşümek 한기를 느끼다, 추워하다	→	üşü-**mü**-yor

- 동사의 어간이 자음으로 끝나는 경우, 어간의 마지막 모음의 형태에 따라 -yor와 결합하는 부정사의 형태가 바뀐다.

çalışmak 공부하다, 일하다	→	çalış-**mı**-yor
bilmek 알다	→	bil-**mi**-yor
bulmak 찾다	→	bul-**mu**-yor
duymak 듣다	→	duy-**mu**-yor
görmek 보다	→	gör-**mü**-yor
düşünmek 생각하다	→	düşün-**mü**-yor

⊙ 의문문

- 의문문 역시 모음조화 규칙이 적용된다. 하지만 의문사 -mI는 선행하는 -y**o**r의 o에 의해서 항상 mu로 사용된다.

ağlamak 울다	→	ağlıyor **mu**
başlamak 시작하다	→	başlamıyor **mu**
beklemek 기다리다	→	bekliyor **mu**
oynamak 놀다	→	oynamıyor **mu**
uyumak 자다	→	uyuyor **mu**

- 동사 어간이 t로 끝나는 경우 -yor와 결합할 때, t → d로 변화한다.

e**t**mek- → e**d**-i-yor
gi**t**mek- → gi**d**-i-yor
ta**t**mak- → ta**d**-ı-yor

◎ 일반적으로 현재시제 어미 -yor는 지금, 현재 진행되고 있는 일을 설명하기 위하여 사용한다.

Şimdi evde dinleniyorum. 나는 지금 집에서 쉬고 있다.
Murat şu an traş oluyor. 무라트는 지금 면도를 하고 있다.
Seni okulda bekliyorum. 나는 너를 학교에서 기다리고 있다.

◎ 현재시제 용법은 단지 지금, 이 순간 일어나는 일뿐만 아니라 지속적으로 반복되거나 항상 진행되는 일을 설명하고자 할 때도 사용 가능하다.

Her akşam işten sonra spora gidiyorum. 나는 매일 저녁 퇴근 후에 운동하러 간다.
Nerede oturuyorsunuz? 너희들은 어디에 살고 있니?
İngilizce biliyor musun? 너는 영어를 하니?

◎ 현재 또는 습관적인 일 이외에도 실현가능성이 높은 미래의 계획을 이야기할 때도 사용한다.

Bu akşam toplantı yapıyoruz. 오늘 저녁 우리는 회의를 할 것이다.
Yemekten sonra eve dönüyorum. 나는 식사 후에 돌아갈 것입니다.

2 Belirtme eki +I: 목적격 조사

◎ +I는 한국어의 목적격 조사 '을/를'과 같은 역할을 하며, 특정 사물을 지칭하거나 강조하기 위하여 사용한다.

◎ 명사 마지막 음절의 모음에 따라 그 형태가 변하며, 단어가 모음으로 끝나는 경우 발음의 편리성을 위하여 반모음 y를 넣어준다.

- a, ı → ı Bu para + **y** + ı sana kim verdi? 이 돈을 누가 너에게 주었니?
- e, i → i Yemeğe kimler + i davet ettin? 식사에 누구를 초대했니?
  Siz Gamze + **y** + i tanıyor musunuz? 감제를 아십니까?
- o, u → u Yanlış kutu + **y** + u seçtim. 나는 틀린 상자를 골랐다.
- ö, ü → ü Bu söz + ü hiç unutmayacağım. 나는 이 말을 절대로 잊지 않을 것이다.

TIP
bilmek(알다), sevmek(사랑하다, 좋아하다)와 같이 배우거나 알게된 지식의 경우 또는 지속성을 지니는 동사적 특성에 따라 진행형을 사용한다.

yanlış 잘못된, 틀린
kutu 상자
seçmek 고르다, 선택하다

◎ p, ç, t, k로 끝나는 단어가 +I와 함께 쓰이는 경우 p → b, ç → c, t → d, k → ğ/g로 변화한다.

kitap + ı	**Kitab** + **ı** okudun mu?	책을 읽었니?
ilaç + ı	Yemekten sonra **ilac** + **ı** içtin mi?	식후에 약을 먹었니?

◎ Bu, Şu, O는 모음으로 끝나므로 +I와 함께 쓰이는 경우 매개자음 n가 그 사이에 온다.

Bu + n + u	**Bunu** biliyor musun?	이것을 아니?
Şu + n + u	**Şunu** gördün mü?	저것을 보았니?
O + n + u	**Onu** nereye koydun?	그것을 어디에 놓았니?

◎ 주격대명사와 함께 사용될 수도 있다.

ben + i	sen + i	o + n + u	biz + i	siz + i	onlar + ı
나를	너를	그를	우리를	너희/당신을	그들을

◎ 특정 사물을 지칭할 때 사용한다.

Kalem + i alıyorum. 나는 연필을 산다.
→ 특정 연필을 지칭

Sen + i seviyorum. 나는 너를 사랑한다.
→ 특정 인물(당신)을 지칭

Pencere + yi açıyorum. 나는 창문을 연다.
→ 특정 창문을 지칭

■ 일반 사물을 지칭할 때는 사용하지 않는다.

Yemek yemeye gidiyoruz. 우리는 식사를 하러 간다.

* 'Yeme**ği** yemeye gidiyoruz.'라고 하지 않는데, 이 경우는 특정 음식을 먹는 것이 아니라, 일반 식사를 지칭하기 때문이다.

Ne yapıyorsunuz? 무엇을 하십니까?

* '**Neyi** yapıyorsunuz?'라고 하지 않는다.

3 Ayrılma eki +DAn: 탈격 조사

◎ 한국어의 '에서, 으로부터'라는 의미를 갖는 부사격조사(탈격) +Dan은 단어의 마지막 음절이 A형 모음(a, ı, o, u)으로 끝나면 +Dan, E형 모음(e, i, ö, ü)으로 끝나면 +Den을 붙인다.

Yarın Almanya' + **dan** dönüyor. 그는 내일 독일에서 돌아온다.
Bu kitabı kütüphane + **den** aldım. 나는 이 책을 도서관에서 빌렸다.

◎ 단어가 ç, f, h, k, p, s, ş, t으로 끝나는 경우 자음동화 규칙에 따라 +dan/+den은 +tan/+ten으로 변화한다.

Postane par**k** + **tan** 200metre ileride. 우체국은 공원에서 200m 전방에 위치한다.
Kuş kafe**s** + **ten** çıkmak istiyor. 새는 새장에서 나가고 싶어한다.
Marke**t** + **ten** ne istiyorsun? 슈퍼에서 무엇을 원하니?

◎ Bu, Şu, O가 +DAn과 함께 쓰이는 경우 매개자음 n가 그 사이에 온다.

bu + n + dan **Bundan** çok korktum.
이것은 나를 무섭게 했다. (나는 이것을 무서워한다.) (무서움을 느끼는 대상이 '이것')
şu + n + dan **Şundan** istiyorum. 나는 저것을 원한다.
o + n + dan Ben herşeyi **ondan** öğrendim. 나는 모든 것을 그에게서 배웠다.

◎ 시작점 또는 시작 시점, 출처에 대한 정보를 제공하는 역할을 한다.

Nereden geliyorsun? 너는 어디에서 오니?
Pazardan geliyorum. 나는 시장에서 온다.
Saat yediden sekize kadar spor yapıyorum. 7시에서 8시까지 운동을 한다.
Kitaptan öğreniyorum. 나는 책에서 배운다.

◎ 이유, 원인을 설명하는 데 사용하기도 한다.

Çocuklar soğuktan donacak! 아이들이 추워서 꽁꽁 얼겠어!
Köpeklerden korkuyorum. 나는 개들이 무섭다.

◎ 재료를 나타낼 때 사용한다.

Benzin, petroldan yapılır. 휘발유는 석유로 만들어진다.

◎ 소속, 집단을 나타낸다.

Kaplan kedigillerdendir. 호랑이는 고양이과이다.

4 Yönelme eki +A: 방향격 조사

◎ 한국어의 '에, 으로'라는 의미를 갖는 부사격 조사(방향성) +A는 단어의 마지막 음절이 A형 모음(a, ı, o, u)으로 끝나면 +a, E형 모음(e, i, ö, ü)으로 끝나면 +e을 붙인다.

Bugün ok**u**l + **a** gitmiyorum. 오늘 나는 학교에 가지 않는다.
Herkes yeni öğretm**e**n + **e** bakıyor. 모두들 새로운 선생님을 보고 있다.
Öğretmen, öğrencil**e**r + **e** soru soruyor. 선생님은 학생들에게 질문을 하고 있다.

◎ p, ç, t, k로 끝나는 단어가 +A와 함께 쓰이는 경우 p → b, ç → c, t → d, k → ğ/g로 변화한다.

ilaç + a Bu **ilaca** 200lira verdim. 이 약에 200리라를 줬다.
dolap + a Bu kıyafetlerini **dolaba** koyun! 이 옷들을 옷장에 넣으렴!

◎ 단어가 모음으로 끝나는 경우 반모음 y를 추가한다.

Öğrenciler, çantadaki kitaplarını mas**a** + **y** + a koydu.
학생들은 가방 속에 있는 책들을 책상 위에 놓았다.
Çocuklar behç**e** + **y** + e çıktı. 어린이들은 정원으로 나갔다.

◎ 1인칭 단수 ben → bana, 2인칭 단수 sen → sana로 형태가 변화한다.

Ben + e → bana Niçin **bana** bağrıyorsun? 왜 나에게 소리를 지르니?
Sen + e → sana Bu elmeyi **sana** da vereyim mi? 이 사과를 너에게도 줄까?

◎ Bu, Şu, O는 발음의 편리성을 위하여 매개자음 n를 연결하여 buna, şuna, ona로 사용한다.

Bu + n + a Yalan söyleme. **Buna** kimse inanmaz.
거짓말 하지마. 이것을 아무도 믿지 않을거야.
Şu + n + a **Şuna** bak şuna. 저것 좀 봐 저것 좀.
O + n + a **Ona** ben para vereyim. 나는 그에게 돈을 줄 것이다.

◎ 두 음절로 구성되어진 일부 단어의 경우 두 번째 음절이 ı, i, u, ü일 때, 두 번째 음절의 모음이 생략된다.

g**ö**ğ**ü**s + **e** → göğse 가슴에
Ş**e**h**i**r + **e** → şehre 도시에

◎ 방향성을 가지며 목적 혹은 종착점을 표현하는 경우에 사용한다.

Nere**ye** gidiyorsun?	너는 어디에 가니?
Kütüphane**ye** gidiyorum.	나는 대학교에 갑니다.
Ben bu kitabı Ali'**ye** verdim.	나는 이 책을 알리에게 주었다.
Kardeşim ev**e** döndü.	동생이 집에 왔다.
Ban**a** bak.	나를 봐.

◎ 비교문에 사용한다. (+a göre ~에 비해/~보다)

Ayla Ayşe**ye göre** akıllı.	아일라는 아이셰에 비해 똑똑하다.
Bu kalem senin kalemi**ne göre** yeni.	이 연필은 너의 연필보다 새것이다.

◎ 소속 또는 귀속을 나타낼 때 사용한다.

Bu cep telefon on**a** ait.	이 휴대폰은 그의 것이다.

TIP
한국어에서 '보다'는 '~을/를'이라는 목적격조사를 수반하지만 터키어에서 'bakmak'은 '+A(~에)'를 수반한다.

Ek duraksama yeri

4-2

● ~하는 것을 좋아하다. (취미)

Futbol oynamayı seviyorum.	나는 축구하는 것을 좋아합니다.
Piyano çalmayı seviyorum.	저는 피아노 치는 것을 좋아합니다.
Şarkı söylemeyi seviyorum.	저는 노래 부르는 것을 좋아합니다.
Pasta yemeyi seviyorum.	케이크 먹는 것을 좋아합니다.
Yüzmeyi seviyorum.	수영하는 것을 좋아합니다.

● ~하는 것을 원하다.

Portakal suyu içmek istiyorum.	오렌지 주스를 마시고 싶습니다.
Türkçe öğrenmek istiyorum.	터키어를 배우고 싶습니다.
Yaz tatilinde Türkiyeyi gezmek istiyorum.	여름휴가 때 터키를 여행하고 싶습니다.

Alıştırmalar

1 다음 빈칸에 들어갈 알맞은 단어를 골라 문장을 완성하시오.

oturuyor	koşuyor	uyuyor
söylüyor	yazıyor	okuyor

1 아기가 잠을 잔다.

Bebek __________.

2 Oğuz가 소파에 앉아있다.

Oğuz kanepede __________.

3 Hasan은 공원에서 달리기를 한다.

Hasan parkta __________.

4 Merve는 글을 쓴다.

Merve yazı __________.

5 Zeynep은 책을 읽는다.

Zeynep kitap __________.

6 Nükhet은 노래를 부른다.

Nükhet şarkı __________.

2 다음 빈칸에 들어갈 알맞은 단어를 활용해 문장을 완성하여 나의 하루를 설명하시오.

gitmek	dönmek	bitmek	yemek
yemek	uyanmak	yapmak	yapmak

Sabah erken __________. Kahvaltı __________. Kahvaltıdan sonra okula __________. Öğlen yemeğini __________. Öğleden sonra derslerim __________. Eve __________. Eve döndükten sonra ödevlerimi __________. Akşam ailem ile birlikte akşam yemeği __________.

3 **2**에서 완성한 문장을 해석하시오.

____

____

____

____

____

4 다음 빈칸에 들어갈 알맞은 격조사를 넣으시오.

1 Kim_______ korkuyorsun?

2 Emel biz_______ geliyor.

3 Sıcak_______ çok bunaldım.

4 Ben onu Metin_______ öğrendim.

5 Siz nere_______ gidiyorsunuz?

6 Hafta sonu ev_______ hiç çıkmıyoruz.

7 Köpek_______ çok korkuyorum.

8 Market_______ ne istiyorsun?

9 Dedem ilk kez Ankara_______ geliyor.

KONU 05

시간 묻기 몇 시입니까?

Saat kaç?

Diyalog

5-1

Sözcük

bilet 티켓
tren 열차
saat 시간
kaç 몇
kalkmak 일어나다, 출발하다
şimdi 지금
anlamak 이해하다
tek kişilik 1인석
istemek 원하다
yolculuk 여행
-a kadar ~까지
sürmek 걸리다

Can: Merhaba. Kolay gelsin.
메르하바. 콜라이 겔신.

Görevli: Merhaba. Buyurun.
메르하바. 부유룬.

Can: Eskişehir'e gitmek istiyorum. Bilet var mı?
에스키쉐히레 기트멕 이스티요룸. 빌렛 바르므?

Görevli: Evet.
에벳.

Can: Peki, tren saat kaçta kalkıyor?
페키, 트렌 사아트 카춰타 칼크요르?

Görevli: 10:30'da ve 14:30'da kalkıyor.
온 오투즈다 붸 온도르트 오투즈다 칼크요르.

Can: Şimdi saat kaç?
쉼디 사아트 카춰?

Görevli: Saat 9:50.
사아트 도쿠즈 엘리.

Can: Anladım. 10:30'da tek kişilik bilet istiyorum.
안라듬. 온 오투즈다 텍 키쉴릭 빌렛 이스티요룸.

Görevli: Buyurun.
부유룬.

Can: Yolculuk kaç saat sürüyor?
욜주룩 카춰 사아트 쉬뤼요르?

Görevli: Ankara'dan Eskişehir'e kadar bir buçuk saat sürüyor.
앙카라단 에스키쉐히레 카다르 비르 부축 사아트 쉬뤼요르.

Can: Teşekkür ederim.
테쉐퀴르 에데림.

Görevli: İyi yolculuklar!
이이 욜주룩라르!

Can: 안녕하세요. 수고가 많으십니다.

직원: 안녕하세요. 말씀하세요.

Can: 에스키쉐히르에 가고 싶습니다. 티켓을 구입할 수 있나요?

직원: 네.

Can: 그렇다면, 기차는 몇 시에 출발하나요?

직원: 10시 30분 그리고 14시 30분에 출발합니다.

Can: 지금 몇 시지요?

직원: 9시 50분입니다.

Can: 알겠습니다. 10시 30분, 1인석 부탁드립니다.

직원: 여기 있습니다.

Can: 기차로 얼마나 걸리지요?

직원: 앙카라에서 에스키쉐히르까지 1시간 30분 걸립니다.

Can: 감사합니다.

직원: 좋은 여행 되세요!

Dil bilgisi

1 시간 표현

06:00 Saat altı

08:00 Saat sekiz

12:00 Saat on iki

22:00 Saat yirmi iki

09:05 Saat dokuz beş geçiyor

09:15 Saat dokuz onbeş / Saat dokuz çeyrek geçiyor

14:15 Saat ondört onbeş / Saat ondört çeyrek geçiyor

*çeyrek은 '1/4'이라는 뜻이며, 숫자 15를 대신할 수 있다.

07:30 Saat yedi buçuk / Saat yedi otuz

*buçuk은 '반'이라는 뜻이며, 숫자 30을 대신할 수 있다.

09:45 Saat dokuz kırk beş / Saat ona çeyrek var / Ona çeyrek kala

*45분을 그대로 표현할 수도 있지만, 터키인들은 '15분이 남았다'라는 표현을 꽤 자주 쓴다.

2 +DAn önce 이전에, 먼저 / +DAn sonra 이후에

일의 선후 관계를 설명하기 위해서 사용하는 연결어이다. 명사 뒤에 +DAn 조사와 함께 사용한다. 단어의 마지막 음절이 A형 모음(a, ı, o, u)으로 끝나면 +dan, E형 모음(e, i, ö, ü)으로 끝나면 +den을 사용한다. 단어가 ç, f, h, k, p, s, ş, t으로 끝나는 경우 자음동화 규칙에 따라 +dan/+den은 +tan/+ten으로 변화한다.

Önce banyo yapıyorum. Sonra kahvaltı yapıyorum.
나는 먼저 샤워를 한다. 그리고 아침을 먹는다.
→ Kahvaltı**dan önce** banyo yapıyorum. 나는 아침식사 전에 샤워를 한다.

Saat altıda işten çıkıyorum ve markette gidiyorum.
나는 6시에 퇴근을 하고 마켓에 간다.
→ **İşten sonra** markete gidiyorum. 나는 퇴근 후에 마켓에 간다.

Önce spor yapıyorum. Sonra eve gidiyorum.
나는 먼저 운동을 한다. 그리고 집으로 간다.
→ Spor**dan sonra** eve gidiyorum. 나는 운동한 후에 집으로 간다.

3 ~kadar ~까지/처럼/만큼

◎ ~kadar은 명사와 함께 사용되어 '~까지/처럼/만큼'의 의미를 가진다. 인칭대명사와 함께 사용될 수 있다.

benim kadar / senin kadar / onun kadar	나처럼/너처럼/그(녀)처럼
bizim kadar / sizin kadar / onlar kadar	우리처럼/너희처럼, 당신처럼/그들처럼

Senin kadar güzel bir kız görmedim.
나는 너처럼 예쁜 여자아이를 본 적이 없다.

◎ Bu, Şu, O와 함께 사용되는 경우 '~만큼, 그렇게나'라는 의미를 가지기도 한다.

Bu kadar yeter.	이만큼은 충분하다.
O kadar güzeldi ki!	그만큼(그렇게나) 아름다웠는데!

◎ Ne와 함께 사용되는 경우 '얼마나'라는 의미를 가진다.

Ne kadar Güzel! 얼마나 멋진가!

◎ kadar는 때때로 gibi(~과 같은)와 같은 의미로 사용될 수 있다. (10과 참조)

melek gibi iyi biri	melek kadar iyi biri	천사처럼 좋은 사람
pamuk gibi beyaz	pamuk kadar beyaz	솜처럼 하얀

◎ +A kadar (~에까지)

A: Saat kaç**a** **kadar** ders çalışıyorsun?	너는 몇 시까지 공부하니?
B: Saat 11:00'**e** **kadar** ders çalışıyorum.	나는 11시까지 공부해.

Ev**e** **kadar** birlikte yürüyoruz. Ne dersin?
집까지 함께 걷는 거야. 어떻게 생각하니?

◎ +DAn ~ +A kadar (~에서 ~까지)

A: Saat kaç**tan** kaç**a** **kadar** kitap okuyorsun?	몇 시부터 몇 시까지 책을 읽니?
B: Saat sekiz**den** on**a** **kadar** kitap okuyorum.	8시부터 10시까지 책을 읽어.

İstanbul'**dan** Diyarbakır**a** **kadar** her yeri geziyoruz.
이스탄불에서 디야르바크르까지 모두 여행했다.

4 +lI/+sIz (포함된/포함되지 않은)

명사의 뒤에 붙는 접사로서 +lI는 '~이 포함된, 함유된'이라는 뜻을, +sIz는 '~이 포함되지 않은, 함유되지 않은'이라는 뜻을 나타낸다. 명사 마지막 음절의 모음에 따라 그 형태가 변화한다.

- a, ı → +lı, +sız
- e, i → +li, +siz
- o, u → +lu, +suz
- ö, ü → +lü, +süz

boy**alı** duvar	색이 칠해진 벽	boy**asız** duvar	색이 칠해지지 않은 벽
akı**llı** adam	똑똑한 남자	akı**lsız** adam	멍청한 남자
şek**erli**	단(설탕이 있는)	şek**ersiz**	달지 않은(설탕이 없는)
tuzlu	짠(소금이 있는)	**tuzsuz**	싱거운(소금이 없는)
sütl**ü** kahve	우유가 함유된 커피	**süt**s**üz** kahve (*sade kahve)	우유가 함유되지 않은 커피
alk**ollü** içecek	알코올 음료	alk**olsüz** içecek	무알코올 음료

*alkol은 외래어이므로 예외적인 경우에 해당하여 두번째 음절이 o임에도 lü, süz 형태로 나타난다.

şapk**a** + **lı**	모자를 쓴	şapk**a** + **sız**	모자를 쓰지 않은
düşünc**e** + **li**	생각이 깊은	düşünc**e** + **siz**	생각이 짧은
m**u**t + **lu**	행복한	m**u**t + **suz**	행복하지 않은
top**u**k + **lu**	굽이 있는	top**u**k + **suz**	굽이 없는
gözl**ü**k + **lü**	안경을 쓴	gözl**ü**k + **süz**	안경을 쓰지 않은

Altay çok **akıl** + **lı** bir çocuk, her şeyi çok çabuk öğreniyor.
알타이는 매우 똑똑한 아이이다. 무엇이든 빨리 배운다.

Yeşil **göz** + **lü** kız bana bakıyor.
초록색 눈을 가진 소녀가 나를 바라본다.

Ben **şeker** + **li** çay içmiyorum.
나는 설탕이 든 차를 마시지 않는다.

TIP

+lI와 +sIz를 사용한 단어가 항상 반의어가 되는 것은 아니다.

ev+li	bekar
기혼	미혼
hız+lı	yavaş
빠른	느린
sinir+li	sakin
신경질적인	얌전한
kilo+lu(şişman)	zayıf
뚱뚱한	마른
yaş+lı	genç
늙은, 나이 든	어린, 젊은
kir+li	temiz
더러운	깨끗한

Ek duraksama yeri

5-2

A: Afferdersiniz, saat kaç? 실례합니다, 몇 시지요?
B: Saat sekize çeyrek var. 8시 15분 전입니다.

A: Saat kaç oldu? 지금 몇 시인가요?
B: Saat iki buçuk. 2시 반입니다.

A: Saat kaçta uyuyorsunuz? 몇 시에 주무십니까?
B: Saat 23:00'te uyuyorum. 23시에 잡니다.

A: Tren saat kaçta geliyor? 기차는 몇 시에 도착합니까?
B: Saat ona on kala geliyor. 10시 10분 전에 도착합니다.

Alıştırmalar

1 **다음 시간을 터키어로 쓰시오.**

1 06:10 ______________________

2 03:05 ______________________

3 03:50 ______________________

4 05:00 ______________________

5 07:15 ______________________

6 12:45 ______________________

7 10:30 ______________________

8 12:20 ______________________

2 **önce와 sonra를 이용하여 문장을 만드시오.**

1 Akşam yemek yemek. Televizyon seyretmek. (sonra)

→ ______________________

2 Sabah bankaya gitmek. Markette gitmek. (önce)

→ ______________________

③ 다음 표를 참조하여 질문에 알맞은 답을 쓰시오.

07:00-07:30	kalkış (uyanmak)	기상 (일어나다)
07:30-08:00	kahvaltı yapmak	아침식사 하다
08:30-12:40	öğleden önceki dersler	오전 수업들
13:00-13:30	öğle yemeği yemek	점심식사를 하다
13:30-14:00	dinlenmek	휴식하다
14:00-15:30	öğleden sonraki dersler	오후 수업들
15:30-16:30	eve dönmek	귀가하다
16:30-17:00	dinlenmek	쉬다
17:00-18:00	spor yapmak	운동을 하다
18:00-19:30	ödev yapmak	숙제를 하다
19:30-20:00	akşam yemeği yemek	저녁식사를 하다
20:00-22:00	ders çalışmak	공부를 하다
22:00-23:00	kitap okumak	책을 읽다
23:00-23:30	duş almak	샤워를 하다
23:30	yatma (uyumak)	취침(잠자다)

1 Sabah saat kaçta kalkıyorsun?

____

2 Öğle yemeğini kaçtan kaça kadar yiyorsun?

____

3 Eve saat kaçta geliyorsun?

____

4 Günde kaç saat kitap okuyorsun?

____

KONU 06

어제 일과 어제 너는 무엇을 했니?

Dün ne yaptın?

Okuma

6-1

Genellikle her sabahları erken kalkıyorum ama dün cumartesiydi. O yüzden geç kalktım. Uyandıktan sonra kahvaltı yaptım. Normalde hafta içi kahvaltı yapmıyorum. Çünkü zamanım olmuyor. Saat 10da arkadaşım aradı. Taksimde arkadaşımla buluştuk. Beraber öğle yemeği yedikten sonra kafede sohbet ettik. Akşam eve döndüm. Eve döndükten sonra akşam yemeği yedim. Sonra da ödevlerimi bitirdim. Uyumadan önce klasik müzik dinledim.

저는 일반적으로 매일 아침 일찍 일어나지만 어제는 토요일이었습니다. 그래서 늦게 일어났습니다. 일어난 이후에 아침식사를 했습니다. 대개 주중에는 아침식사를 하지 않습니다. 왜냐하면 시간이 별로 없기 때문입니다. 10시에 친구가 전화를 걸었습니다. 탁심에서 친구와 만났습니다. 함께 점심을 먹은 이후에 카페에서 수다를 떨었습니다. 저녁에 집에 돌아왔습니다. 집에 돌아온 이후에 저녁식사를 했습니다. 그 이후에 숙제를 마쳤습니다. 잠자리에 들기 전에 클래식 음악을 들었습니다.

Sözcük

genellikle (= normalde) 일반적으로, 대개
her 매
sabah 아침
erken 일찍
kalkmak 일어나다
ama 하지만
dün 어제
o yüzden 그래서
geç 늦게
çünkü 왜냐하면
zaman ~때
aramak 전화를 걸다
ile buluşmak ~와 만나다
beraber 함께
kafe 카페
bitirmek 끝내다, 마치다
klasik müzik 클래식 음악

Dil bilgisi

1 Belirli Geçmiş Zaman 1: 과거시제 1

- 과거시제 어미 -DI는 과거에 발생한 완료된 동작이나 행위를 설명할 때 사용한다. -DI는 동사의 어간에 붙어 직접 경험한 것, 직접 들은 사실, 역사적 사실을 표현한다.
- 과거시제 어미 -DI는 동사 어간의 마지막 모음에 따라 모음조화(-dı, -di, -du, -dü)가 나타나며, 동사의 어간이 무성자음(ç, f, h, k, p, s, ş, t)으로 끝나는 경우 자음동화에 의하여 -tı, -ti, -tu, -tü로 변화한다. 과거시제 어미와 함께 사용되는 인칭어미는 현재 시제에 사용되는 인칭어미와는 다른 형태로 나타난다.

주어	동사	부정사	시제어미	형태	인칭어미	의문사
ben sen o biz siz onlar	al- oku- git- gel- yüz-	ma	-dı/-tı -du/-tu	aldı/al**madı** okudu/oku**madı**	-m -n - -k -nız / -niz / -nuz / -nüz (-lar/-ler)	mı mi
		me	-di/-ti -dü/-tü	gitti/git**medi** geldi/gel**medi** yüzdü/yüz**medi**		

- **평서문**

Ben dün kırtasiyeden kalem **al-dı-m**. 나는 어제 문구점에서 연필을 샀다.
Annem evden erken **çık-tı**. 엄마는 집에서 일찍 나섰다.
Babam eve geç **gel-di**. 아버지는 집에 늦게 돌아오셨다.
Bugün yazma sınavı **yap-tı-k**. 오늘 우리는 쓰기 시험을 보았다.

- 과거시제는 역사적 사실을 표현한다. 역사적 사실을 표현할 때에는 3인칭을 사용한다.

Fatih Sultan Mehmet İstanbul'u 1453'te fethetti.
Fatih Sultan Mehmet은 1453년에 이스탄불을 점령했다.

Kore Savaşı 25 Haziran 1950 yılında çıktı.
한국전쟁은 1950년 6월 25일 발발했다.

◎ 부정문

부정문은 동사 어간의 모음조화(a, ı, o, u → ma / e, i, ö, ü → me)에 따라 부정사의 형태를 달리하여 표현한다.

Sabaha kadar hiç uyu-ma-dı-m.	나는 아침까지 한숨도 못 잤다.
Bugün hiçbir şey ye-me-di-n.	오늘 너는 아무것도 먹지 않았다.
Geçen yıl buraya hiç kar yağ-ma-dı.	지난해 이곳에는 눈이 전혀 오지 않았다.
Biz kahve iç-me-di-k.	우리는 커피를 마시지 않았다.
Hocam, siz bu konuyu anlat-ma-dı-nız.	선생님, 이 주제를 설명해주시지 않았습니다.

◎ 의문문

의문문은 긍정문 혹은 부정문에 의문사(mı, mi, mu, mü)를 붙여 만든다. 하지만 문장 내에 의문대명사/의문부사/의문형용사(kim, neden, nasıl, kaç 등)가 존재하는 경우 따로 의문사를 사용할 수 없다.

Sen dün akşam ödev yap-tı-n mı?	어제 저녁에 숙제를 했니?
Sabaha kadar hiç uyu-ma-dı-n mı?	너는 아침까지 한숨도 못 잤니?
Biz kahve iç-me-di-k mi?	우리는 커피를 마시지 않았니?
Sen anla-ma-dın mı?	너는 이해하지 못했니?
Annen evden erken çık-tı mı?	엄마는 집에서 일찍 나섰니?

Annen evden **kaçta** çık-tı?	엄마는 집에서 몇 시에 나섰니?
En çok **kimi** sev-di-niz?	너희는 누구를 가장 좋아했니?

2 Belirli Geçmiş Zaman 2: 과거시제 2

◎ 과거시제 어미 -DI는 명사, 형용사와 함께 사용하여 과거의 어떤 상태를 나타낸다.

주어	명사/형용사	부정	의문	시제어미	인칭어미
ben sen o biz siz onlar	okulda mutlu çalışkan öğrenci çocuk	değil	mı mi mu mü	-dı/-tı -di/-ti -du/-tu -dü/-tü	-m -n - -k -nız/-niz/-nuz/-nüz (-lar/-ler)

⊙ 평서문

Geçen yaz hava çok sıcak-tı. 지난 여름 날씨가 매우 더웠다.
Ben geçen sene öğrenci-ydi-m. 나는 지난해 학생이었다.
Hasan dün İstanbul-da-ydı. 하산은 어제 이스탄불에 있었다.
Dün akşam seni aradım. Nerede-y-di-n? 어제 저녁에 전화했는데. 어디에 있었니?
Ben çocukken şişman-dı-m. Şimdi zayıfım.
나는 어릴 적 뚱뚱했다. 지금은 말랐다.

⊙ 명사 또는 형용사가 과거시제 어미와 함께 사용되며, (어떤 사건의 이유, 원인으로서) '~이 되다'라는 의미를 가지는 경우 보조동사 ol-과 함께 사용된다.

Geçen sene liseden mezun oldum ve Üniversite öğrencisi oldum.
지난해 고등학교를 졸업하고 대학생이 되었다.
Dün çok sinir oldum.
어제 나는 매우 화가(짜증이) 났다. (화가/짜증이 난 상태였다.)
Senin kızın doktor oldu mu?
너의 딸은 의사가 되었니?

⊙ 부정문

부정문의 경우 'değil'을 과거시제 어미 -DI와 함께 사용한다.

Sen çok değiştin. Eskiden hiç çalışkan değil-di-n.
너는 참 많이 변했다. 너는 예전에 전혀 성실하지 않았다.
Çok güzel yemekler vardı. Ama yemedim. Cünkü aç değil-di-m.
맛있는 음식들이 많았다. 하지만 나는 먹지 않았다. 왜냐하면 배가 고프지 않았기 때문이었다.

⊙ 의문문

의문문은 의문사에 과거시제 어미 -DI 그리고 인칭어미와 함께 결합하여 나타낸다.

Siz üniversitede başarılı mı-ydı-nız? 너희들은 대학시절 훌륭한 학생이었니?
Siz üniversitede başarılı değil mi-ydi-niz? 너희들은 대학시절 훌륭한 학생이 아니었니?

⊙ 장소/지역명을 나타내는 경우 과거시제 어미 -DI는 장소격 조사 +DA와 함께 사용한다.

Dün dışarı çıkmadım. Bütün gün evdeydim.
나는 어제 밖에 나가지 않았다. 하루종일 집에 있었다.
Üç gün önce neredeydin?
3일 전에 어디에 있었니?

3 +(y)ken: ~때

⊙ 명사 혹은 형용사와 함께 사용되어 과거의 한 시점에서의 상태를 나타낸다.

çocuk + ken 어렸을 때
genç + ken 젊었을 때
öğrenci + y + ken 학생 때

⊙ 단어가 모음으로 끝나는 경우 y을 붙여 발음의 편리성을 도모한다.

evde + y + ken 집에 있었을 때

⊙ +(y)ken이 var, yok과 함께 사용되는 경우, '~이 있을 때', '~없을 때'라고 해석할 수 있다.

Kitap varken hiç sıkılmıyorum. 책이 있을 때 전혀 지루하지 않다.
Kitap yokken çok sıkılıyorum. 책이 없을 때 매우 지루하다.

⊙ +(y)ken은 시제어미와 함께 사용 가능하다. 주로 두 동작을 연결할 때 사용되는데, 동작의 주체는 한 명일 수도 있고, 두 명일 수도 있다.

Çocuk oynarken düştü. 아이가 놀 때 넘어졌다.
→ 동작의 주체는 한 명 (Geniş Zaman 보편시제 사용)

Annem temizlerken ben kitap okudum. 엄마가 청소를 할 때 나는 책을 읽었다.
→ 동작의 주체는 두 명(엄마와 나)

4 +ile

⊙ +ile는 '~와/~와 함께/~(수단)으로'의 뜻을 가진다. 단어와 함께 사용할 때 반드시 띄어쓰기를 한다. 또한 +ile는 축약형으로도 사용 가능하다. 축약형을 사용할 때는 ile의 i가 생략되며, le는 단어의 끝 모음에 따라 A형 모음(a, ı, o, u)일 경우 la, E형 모음(e, i, ö, ü)일 경우 le의 형태로 나타난다.

aile ile: aile + y + **le** 가족과 함께
tren ile: tren + **le** 기차로 (수단)
araba ile: arab**a** + y + **la** 자동차로

⊙ 소유격과는 다음과 같이 사용된다.

benim + ile = benimle 나와 함께
senin + ile = seninle 너와 함께

onun + ile = onunla 그와 함께
bizim + ile = bizimle 우리와 함께
sizin + ile = sizinle 너희와 함께
onlar + ile = onlara 그들과 함께

Burcu **ile** Altay sinemaya gitti. 부르주는 알타이와 함께 극장에 갔습니다.
Arkadaşım**la** sinemaya gittim. 나는 친구들과 함께 극장에 갔습니다.
Kahvaltıda zeytin **ile** peynir yedim. 아침식사로 올리브와 치즈를 먹었습니다.
Annem ütü **ile** gömleğimi ütüledi. 엄마는 다리미로 셔츠를 다렸습니다.
Uçakta cep telefonu **ile** konuşmak yasak.
비행기에서 휴대폰을 사용하는 것은 금지입니다.
Kim**le** görüşmek istiyorsunuz?
누구와 만나기를 원하십니까?/(전화상) 누구와 통화하길 원하십니까?
Kim**le** ders çalışıyorsun? 누구와 함께 공부하십니까?
Dilek murat **ile** ne zaman evleniyor? 딜렉은 무라트와 언제 결혼합니까?
Alo, Yasemin **ile** mi görüşüyorum? 여보세요, 야세민 씨입니까?

Ek duraksama yeri

6-2

A: Dün ne yaptın? 어제 뭐 했어?
B: Dün yüzme havuzuna gittim. 나는 어제 수영장에 갔어.
A: Orada Yasemin'i gördün mü? 그곳에서 야세민을 봤니?
B: Hayır, Yasemin'i görmedim. 아니, 야세민을 못 봤어.
Niçin soruyorsun? 왜 물어보는 건데?

A: Her gün gazete okuyor musun? 매일 신문을 읽습니까?
B: Evet, okuyorum. / 네, 읽습니다. /
Hayır, okumuyorum. 아니요, 읽지 않습니다.

A: Dün gazete okudun mu? 어제 신문을 읽었습니까?
B: Evet, okudum. / 네, 읽었습니다. /
Hayır, okumadım. 아니요, 읽지 않았습니다.

A: Ayşe Merhaba! Nasılsın? 아이셰 안녕! 잘 지내?
B: İyiyim. Canım. Sen nasılsın? 응. 잘 지내. 너는 어때?
Neler yaptın? 뭐 하면서 지내니?
A: Hep kütüphanedeydim. Geçen hafta sınavlarım vardı. Her gün ders çalışıyordum. Sen neler yapıyorsun?
매일 도서관에 있어. 지난주 시험이 있었어. 매일 공부를 했어. 너는 뭐 하면서 지내니?
B: Benim sınavlarım bitti. Biliyorsun, daha düne kadar İstanbul'daydım. Ailemin yanındaydım.
나는 시험들이 다 끝났어. 너도 알다시피 어제까지 이스탄불에 있었어. 가족들과 함께 있었어.

• Zaman ifadeleri 시간 표현

zaman	시간, 때	önceki gün	전날
bugüne kadar	오늘까지	geçen sene	지난해
bu sabah	오늘 아침	bu yıl	이번 해
az önce	조금 전	bugüne kadar hiç	오늘날까지 전혀
iki saat sonra	두 시간 전	bir hafta önce	일주일 전
iki hafta önce	이 주일 전	bir hafta sonra	일주일 후
bir süre sonra	(일정) 시간이 지난 후	sınavdan sonra	시험 이후에
birazdan	조금 후	bir iki güne kadar	하루 이틀까지
ay sonunda	월말에	gelecek hafta	다음주
geçen hafta	지난주		

Aylar 월

ocak	şubat	mart	nisan	mayıs	haziran
1월	2월	3월	4월	5월	6월
temmuz	ağustos	eylül	ekim	kasım	aralık
7월	8월	9월	10월	11월	12월

Günler 일

pazartesi	salı	çarşamba	perşembe	cuma	cumartesi	pazar
월요일	화요일	수요일	목요일	금요일	토요일	일요일

dün	bugün	yarın
어제	오늘	내일

Mevsimler 계절

ilkbahar	yaz	sonbahar	kış
봄	여름	가을	겨울

Alıştırmalar

1 다음 빈칸에 문맥에 맞는 현재시제 어미(-yor) 또는 과거시제 어미(-DI)를 넣어 문장을 완성하시오.

1 Nükhet her akşam kitap oku__________, ama dün oku __________.

2 Ali her sabah okula gitmek için otobüse bin__________, ama bugün metroya bin__________.

3 Nihal her gün sabah 7'de kalk__________, ama bu sabah 10'da kalk__________.

2 다음 동사를 3인칭 과거시제 어미를 사용하여 긍정표현과 부정표현으로 바꾸시오.

1 gitmek __________ / __________

2 okumak __________ / __________

3 anlamak __________ / __________

4 dinlemek __________ / __________

3 다음 빈칸에 들어갈 알맞은 답을 고르시오.

1 Bu sabah parkta yarım saat __________.

① yürüdüm ② yürüyorum

③ yürüyeceğim ④ yürüttüm

2 Dün patronun odasına __________ ve onunla bir saat __________.

① gittim / konuşuyoruz ② gidiyorsun / konuştuk

③ gittik / konuştun ④ gittim / konuştuk

3 Geçen hafta sonu arkadaşlarımla piknik __________ ve çok __________.

① yaptın / eğlendin ② yaptık / eğlendik

③ yaptı / eğlendi ④ yaptım / eğlendiniz

KONU 07

쇼핑하기 같이 쇼핑하러 갈까요?

Alışverişe birlikte gidelim mi?

Diyalog

7-1

Alper: Alo. Yağmur, Nasılsın? Ne yapıyorsun?
Yağmur: Alışverişe gitmeyi düşünüyorum. Birlikte gidelim mi?
Alper: Olur. 20 dakika sonra otobüs durağında buluşalım.
Yağmur: Tamamdır. Görüşürüz.

Yağmur: Kolay gelsin. Ben bir kilo elma alayım.
Manav: Buyurun. Kirazlar yeni geldi. Ondan da vereyim mi?
Yağmur: Ben 2 kilo kiraz alayım. Çilek de çok güzel gözüküyor. 1 kilo da çilek alayım.
Manav: Tamamdır.
Yağmur: Toplam ne kadar?
Manav: Kiraz ve çilek 20 lira. Elma 5 lira.
Yağmur: Buyurun. Kolay gelsin.

Alper: 여보세요. 야무르, 잘 지내? 뭐 해?
Yağmur: 쇼핑을 가려고 생각 중이야. 같이 갈래?
Alper: 좋아. 20분 후에 버스정류장에서 만나자.
Yağmur: 알겠어. 곧 만나자.

Yağmur: 수고하십니다. 사과 1kg 사고 싶어요.
과일장수: 여기 있습니다. 체리들도 오늘 새로 들어왔어요. 사시겠어요?
Yağmur: 체리도 2kg 주세요. 딸기도 매우 좋아보이네요. 딸기도 1kg 살게요.
과일장수: 알겠습니다.
Yağmur: 다 합해서 얼마죠?
과일장수: 체리와 딸기 20리라입니다. 사과는 5리라입니다.
Yağmur: 여기 있습니다. 수고하세요.

Sözcük

alışveriş 쇼핑
birlikte 함께
otobüs durağı 버스정류장
buluşmak 만나다
kolay gelsin 수고하십니다
elma 사과
kiraz 체리
yeni 새로
çilek 딸기
almak 사다
ne kadar 얼마

Dil bilgisi

1 Emir kipi: 명령법

주어	동사	부정사	인칭에 따른 명령어미
-	al-	-ma	-
sen	git-	-me	-
o	bekle-		-sın/-sin/-sun/-sün
-	oku-		-
siz	gel-		-(y)n(ız)/-(y)n(iz)/-(y)un(uz)/-(y)ün(üz)
onlar	yaz-		-sınlar/-sinler/-sunlar/-sünler

평서문

2인칭 단수는 명령어미가 생략되어 나타난다. 1인칭 단/복수에게는 명령을 할 수 없으므로 1인칭은 명령문의 형태가 나타나지 않는다.

Sen git! 너 가!

Oku! 읽어!

(O) beklesin. (그에게) 기다리라고 해.

Giriniz! 들어오세요!

Yazınız. 쓰세요. (2인칭 복수형)

Öğretmen kızıyor, hadi ödevlerinizi yapın.
선생님이 화를 내실 거야, 어서 숙제를 하도록 하렴.

부정문

명령법에서 부정문의 경우 부정사 mA가 동사 어간과 인칭어미 사이에 위치한다.

Beni rahatsız et-me! 나를 귀찮게 하지마!

Sınavda kimse kopya çek-me-sin! 시험에서 어느 누구도 컨닝하지 말 것!

Akşam yemeği için beni bekle-me-yin!
저녁식사를 위해서 저를 기다리지 마세요!

Bebek ancak şimdi uyudu. Sessiz olun, uyan-ma-sın!
아기가 겨우 잠이 들었어요. 조용히 하세요, 깨지 않도록!

- 2인칭 복수의 경우 경고문 또는 공고문과 같은 일반적인 안내문 등에 사용될 수 있다.

Lütfen odada sigara içmeyin. 방에서 흡연을 하지 말아주세요.

의문문

명령법의 의문문은 3인칭 단/복수에만 적용될 수 있다. 의문사 mI는 모음조화에 따라 변화한다. 명령법의 의문문은 명령의 의미보다는 허락 또는 동조의 의미가 강하다.

Hala dışarıda bekliyorlar. Gitsinler mi?
그들은 아직도 밖에서 기다리고 있습니다. 가라고 할까요?

Sana yardım etsin mi? (그에게) 너를 도와주라고 할까요?

Bu kitabı da okusunlar mı? (그들에게) 이 책들도 읽으라고 할까요?

금지 사항을 이야기할 때 명령법을 사용한다.

Lütfen koridorda yüksek sesle konuşmayınız!
복도에서 큰 소리로 이야기하지 마시오!

Lütfen çimlere basmayınız! 잔디를 밟지 마시오!

기도문, 소망, 희망을 표현할 때에도 명령어미를 사용한다.

Allah kabul etsin! 신이 허락하시길!

Allahım benim günahlarımı affet! 신이시어 나의 죄를 용서하소서!

Allah korusun! 신의 보호가 함께 하길!

Kolay gelsin! 일이 쉽기를!
(대체로 '수고하십시오'라는 의미로 쓰인다.)

2 İstek kipi: 권유법

주어	동사	부정사	İstek kipi + 인칭어미	의문사
ben - biz -	ye- iç- oku- al- otur- sor-	-ma -me	-(y)ayım/-(y)eyim - -(y)alım/-(y)elim -	mı mi

평서문

- İstek kipi는 1인칭 단/복수에만 사용된다.
- 평서문은 권유(1인칭 복수) 또는 정중한 표현(1인칭 단수)을 할 때 사용하며 어미는 모음조화에 따라 변화한다.

Ben yaz-ayım. 제가 쓰지요. İç-eyim. 제가 마시지요.

Biz yaz-alım. 우리 쓰자. İç-elim. 우리 마시자.

■ 동사의 어간이 모음으로 끝나는 경우 반모음 y를 수반한다.

Ben oku-y-ayım.	제가 읽지요.
Biz oku-y-alım.	우리 읽자.

■ ye-, de- 동사들의 e모음은 i로 변화되어 활용된다.

Ben y**e**-y-eyim.	→	y**i**yeyim.	제가 먹지요.
Biz y**e**-y-eylim.	→	y**i**yelim.	우리가 먹지요.
Ben d**e**-y-eyim.	→	d**i**yeyim.	제가 말하지요.
Biz d**e**-y-elim.	→	d**i**yelim.	우리가 말하지요.

⊙ 부정문

부정문의 경우 부정사 -mA는 동사어간과 권유법 어미 사이에 위치하며, 모음으로 끝나는 부정사 -mA에는 반모음 y가 후행된다.

Ben düşün-me-**y**-eyim.	나는 생각을 하지 않겠다. (생각을 하지 않는 편이 좋겠다.)
Biz git-me-**y**-elim.	우리는 가지 말자.

⊙ 의문문

■ 의문문의 경우 평서문, 부정문 뒤에 -mI를 붙여주면 된다. -ayım, -alım의 경우 부정사 -mı를, -eyim, -elim의 경우 부정사 -mi를 붙인다.

Biz konuşalım mı?	우리가 이야기 할까요?
Kaçta çıkıyorsun? Seni okuldan alayım mı?	몇 시에 끝나니? 학교로 데리러 갈까?
Gideyim mi?	제가 갈까요?
Ben ödeyim mi?	내가 돈을 지불할까?

■ 1인칭 복수형에 의문사 -mI가 동반되는 경우, 청유의 의미가 강해진다.

Paris'e gidelim.	파리에 가자.
Paris'e gidelim mi?	파리에 갈까?
Birlikte akşam yemeği yiyelim.	함께 저녁을 먹자.
Birlikte akşam yemeği yiyelim mi?	함께 저녁을 먹을까?

3 물건을 세는 단위

bir **bardak** çay	차 한 잔
bir **kilo** kiraz	체리 1kg
bir **dilim** ekmek	빵 한 조각
bir **kadeh** şarap	와인 한 잔
bir **kutu** kola	콜라 한 캔
bir **avuç** fındık	땅콩 한 줌
bir **paket** makarna	스파게티면 한 봉지
iki **top** dondurma	아이스크림 두 주걱(Scoop)
iki **demet** maydanoz	파슬리 두 묶음

Ek duraksama yeri

7-2

Çok yaşa.	오래 사세요. (상대방이 재채기를 했을 때)
İyi şanslar.	행운을 빌어요.
Başarılar dilerim.	(시험에서) 행운을 빕니다. / 성공을 빕니다.
Tebrik ederim.	축하합니다.
Güle güle kullan.	잘 사용하세요.
Allah allah!	세상에 이런 일이! / 맙소사!
İnanamıyorum!	믿을 수 없어요!
İnşallah!	신의 가호가 함께하길!
Her şeyi iyi olacak.	모든 일들이 다 잘 될 거예요.
Eyvah!	세상에!
Ne olur!	제발!

A: Peşin ödemelerde %40 indirim var.
일시불로 결제할 시 40% 할인됩니다.

B: Ama yanımda o kadar nakit para yok. Kredi kartıyla da indirim yapıyor musunuz?
하지만 저에게는 그만큼의 현금이 없어요. 신용카드로도 할인을 해주시나요?

A: Maalesef, taksitli ödemelerde indirim yok.
유감이지만, 할부에는 할인이 적용되지 않아요.

A: Hoş geldiniz. Ne alırsınız?
어서오세요. 뭐로 주문하시겠어요?

B: Ben bir köfte alayım ve içecek olarak kola olsun. Buzlu olsun.
저는 쾨프테를 주문하고 음료로는 콜라를 부탁해요. 얼음이 든 것으로 주세요.

Meyve 과일

şeftali	복숭아	çilek	딸기	karpuz	수박
üzüm	포도	kavun	멜론	nar	석류
kiraz	체리	vişne	앵두	elma	사과
muz	바나나	limon	레몬	armut	배
dut	오디				

Sebze 채소

fasulye	콩	lahana	양배추	çin lahanası	배추
salatalık	오이	domates	토마토	patates	감자
patlıcan	가지	mısır	옥수수	soğan	양파
havuç	당근				

İçecek 음료

çay	차	şarap	와인	ayran	아이란
bira	맥주	süt	우유	kahve	커피
kola	콜라	meyve suyu	과일음료	gazoz	소다
rakı	라크(터키 술)	su	물		

Yemek 음식

tavuk eti	닭고기	daha eti	소고기	kuzu eti	양고기
döner	되네르	köfte	쾨프테	nohut yemeği	콩 요리
zeytin	올리브	makarna*	스파게티	çorba	수프
ızgara balık	석쇠 구이 생선	mantar	버섯	peynir	치즈

*makarna: 스파게티 면을 삶아 간단한 재료와 토마토 페이스트를 넣고 만듦

Yemek ile ilgili fiiller 음식과 관련된 동사들

haşlamak	삶다	kaynatmak	끓이다	bölmek	나누다
rendelemek	갈다	doğramak	잘게 썰다	pişirmek	익히다
karıştırmak	뒤섞다	çırpmak	(달걀을 섞어) 풀다	kızartmak	튀기다
süzmek	짜내다				

Ödeme şekli 지불방식

ödeme	지불	peşin	일시불	taksitli	할부
nakit	현금	kredi kartı	신용카드		

Alıştırmalar

1 다음 문장을 해석하시오.

1 Biraz daha bekle, sıra gelsin.

____

2 Biz de bu oyunu alalım.

____

3 Sizi anlamıyorum. Lütfen yavaş konuşun.

____

4 Burada sigara içmeyin.

____

2 다음 빈칸을 채워 문장을 완성하시오.

1 Bugün çok yoruldum. Hemen eve gidip dinlen__________. (ben)

2 Çok üşüyorum. Çay iç__________. (biz)

3 Gel buraya, biraz konuş__________. (biz)

4 Akşam futbol maçı var. Ödevlerimi hemen bitir__________. (ben)

KONU 08

주말 계획 우리는 몇 시에 만날 거야?

Saat kaçta buluşacağız?

Diyalog

8-1

Sözcük

piknik 소풍, 피크닉

iş 일

mümkün 가능

eğlenmek 즐기다, 함께 시간을 보내다

Milli kütüphane 국립도서관

ön 앞

haberleşmek 연락하다

Aysel: Mert, hafta sonu planın var mı?

Mert: Evet. Aliyle pikniğe gideceğiz.

Aysel: Piknik mi? Nereye gideceksiniz?

Mert: Mogana gideceğiz. Hafta sonu işlerin var mı? Mümkünse sen de gelsene bizimle. Birlikte eğleneceğiz.

Aysel: Olur. Nerede buluşacaksınız?

Mert: Milli kütüphane'nın önünde buluşacağız. Cumartesi saat 09:00'da.

Aysel: Tamamdır. Yine haberleşelim.

Mert: Tamam.

Aysel: 메르트, 주말에 계획이 있니?

Mert: 응. 알리와 함께 소풍 갈 거야.

Aysel: 소풍? 어디에 갈 건데?

Mert: 우리는 모간 호수에 갈 거야. 주말에 할 일이 있니? 가능하다면 너도 우리와 함께 가지 않을래? 같이 시간을 보내자.

Aysel: 좋아. 너희는 어디서 만날 예정이니?

Mert: 국립도서관 앞에서 만날 거야. 토요일 9시에.

Aysel: 알았어. 다시 연락하자.

Mert: 알겠어.

Dil bilgisi

1 Gelecek zaman 1: 미래시제 1 -AcAk

터키어의 -AcAk은 미래의 계획, 추측, 명령의 의미, 확실성을 강조하기 위하여 사용한다.

주어	동사	부정사	시제어미	의문사	인칭어미
ben sen o biz siz onlar	git oku gel oyna dinle buluş	-ma -me	-acak/-(y)acak -ecek/-(y)ecek	mi mı	-ım/-yım/-im/-yim/ -sin/-sın - -ız/-yız/-iz/-yiz -siniz/-sınız/ (-lar)/(-ler)

TIP 최근 터키어학계에서는 과거 전통문법의 -AcAk(미래시제)을 부정하며 터키어의 시제체계에는 과거, 현재 혹은 과거만 있다고 주장하고 있다. 미래라는 것은 아직 다가오지 않은 사건이다. 그렇기 때문에 화자 혹은 청자의 추측, 가능성 등을 내포하므로 시제라고 하기보다는 양태성을 띠고 있다고 보는 편이 더 옳다. 하지만 이 책에서는 독자의 편의상 미래시제라 표기하기로 한다.

평서문

- 동사의 어간이 A형 모음(a, ı, o, u)으로 끝나면 -acak, E형 모음(e, i, ö, ü)으로 끝나면 -ecek이 된다.

al-**acak**	살 것이다	katıl-**acak**	참여할 것이다
sor-**acak**	물어볼 것이다	dur-**acak**	멈출 것이다
gel-**ecek**	올 것이다	bil-**ecek**	알 것이다
gör-**ecek**	볼 것이다	gül-**ecek**	웃을 것이다

- 동사의 어간이 모음으로 끝나면 발음의 편리성을 위하여 반모음 y를 삽입한다.

dinle-**y**-ecek	들을 것이다	anl**a**-**y**-acak	이해할 것이다

- t로 끝나는 동사 어간의 경우 미래시제 어미 -AcAk과 결합하면서 t → d로 변화한다.

gi**t**-ecek	→	gi**d**-ecek	갈 것이다
e**t**-ecek	→	e**d**-ecek	할 것이다
ta**t**-acak	→	ta**d**-acak	맛볼 것이다

- ye- 또는 de-과 같은 동사가 -AcAk과 결합하는 경우 e → i로 변하며, 동사어간과 -AcAk 사이에는 반모음 y가 삽입된다.

d**e**-**y**-ecek	→	d**iy**ecek	말할 것이다
y**e**-**y**-ecek	→	y**iy**ecek	먹을 것이다

- 1인칭 단/복수의 인칭어미(-ım, -ız)는 모음으로 시작되므로 미래시제 어미 -AcAk의 마지막 자음 k는 자음동화 현상으로 인하여 ğ로 변화한다.

yap-aca**k**-ım	→	yap-aca**ğ**-ım	나는 할 것이다
git-ece**k**-iz	→	gid-ece**ğ**-iz	우리는 갈 것이다

부정문

부정문에서 부정사 -mI는 어간 뒤 모음에 따라 ma 또는 me의 형태로 변한다.

Ben yaz-**ma**-yacağ-ım.	나는 쓰지 않을 것이다.
Sen konuş-**ma**-yacak-sın.	너는 말하지 않을 것이다.
O git-**me**-yecek.	그는 가지 않을 것이다.
Biz ye-**me**-yeceğ-iz.	우리는 먹지 않을 것이다.
Siz anla-**ma**-yacak-sınız.	너희는/당신은 이해하지 못할 것이다.
Onlar iste-**me**-yecek.	그들은 원하지 않을 것이다.

의문문

의문문에서 의문사 -mI는 인칭어미와 함께 쓰이며, 미래시제 어미와는 띄어쓰기를 하여 구분해준다.

Ben gel-ecek miyim?	나는 올 것입니까?
Sen uyu-yacak misin?	너는 잘 것이니?
O gir-ecek mi?	그는 들어갈 것입니까?
Biz izle-yecek miyiz?	우리는 볼 것입니까?
Siz evlen-ecek misiniz?	당신들은 결혼할 것입니까?
Onlar yaz-ma-yacak mi?	그들은 쓰지 않을 것입니까?

미래시제 어미 -AcAk은 시간부사와 함께 사용되어 미래의 계획을 설명하는 데 쓰인다.

<u>Yarın</u> okula erken geleceğim.	나는 내일 학교에 일찍 갈 것이다.
<u>İki gün sonra</u> İstanbula gideceksin.	너는 이틀 후에 이스탄불에 갈 것이다.
<u>Bu cumartesi</u> Ali ve Burçe evlenecek.	이번 토요일 알리와 부르체는 결혼할 것이다.

Arkadaşlar, saat kaçta buluşacağız?	얘들아, 몇 시에 만날래?
Çok kilo aldım, artık diyete başlayacağım.	살이 많이 쪘어, 다이어트를 시작할 거야.

◎ 추측을 하는 경우에 사용될 수 있다.

Bence bu yarışmada sen birinci olacaksın.
내 생각에 이 경기에서 네가 1등을 할 것이다.

Uçak birazdan kalkacak. 비행기는 조금 이따가 이륙할 것이다.

◎ 2인칭 단/복수형은 명령의 의미로도 사용된다.

Uyumadan ödevlerini bitireceksin. 너는 자기 전에 숙제를 모두 끝내야만 한다.

Artık tatlı yemeyeceksin! 너는 이제 더 이상 단 것을 먹지 말아야만 해!

◎ 3인칭에서는 접미어 -DIr와 함께 쓰여 확실성을 강조한다. 대부분 뉴스나 신문 등에서 앞으로 일어날 실현 가능성이 높은 일들을 설명하는 데 쓰인다.

Suriye'deki her gelişme Türkiye'yi de etkileyecektir.
시리아의 모든 상황은 터키에도 영향을 미칠 것이다.

2 Gelecek zaman 2: 미래시제 2 -AcAk

명사와 형용사가 미래의 어느 상태를 나타내기 위하여 사용되는 경우 서술격 조사 -olmak(되다)가 함께 쓰인다. 부정문, 의문문의 경우는 위에 설명한 동사의 활용형과 같은 형태로 나타난다.

주어	명사/형용사	서술격 조사	부정사	미래시제	의문사	인칭어미
ben	hasta	ol-	ma	-acak/-yacak	mı	-ım/-yım
sen	meşgul					-sın
o	çalışkan					-
biz	evde					-ız/-yız
siz	mezun					-sınız
onlar	burada					(-lar)

◎ 미래의 계획을 나타낸다.

O saatte biz evde olacağız. 그 시간에 우리는 집에 올 거야.

Siz bu yıl mezun olacaksınız. 너희들은 이번 해에 졸업할 거야.

Onlar yarın burada olacak. 그들은 내일 이곳에 있을 거야.

◎ 추측을 하는 경우에도 사용한다.

Herhalde ben hasta olacağım. Sürekli üşüyorum.
아마도 나는 아플 거야. 계속 추워.

Artık iş adamı oldun. Sen artık meşgul olacaksın.
이제 너는 직장인이 되었어. 앞으로 더 바빠질 거야.

Ahmet lise son sınıfta. O artık çok çalışkan olacak.
아흐멧은 고등학교 마지막 학년이야. 그는 이제 더 성실한 학생이 될 거야.

◎ 명령/권유, 요청의 의미를 내포하기도 한다.

Yarın saat dokuzda hepiniz burada hazır olacaksınız.
내일 9시까지 모두들 이곳에서 준비하고 있도록 해요.

Bir daha o kadar aptal olmayacaksın.
다시 한번 그렇게 바보짓을 해서는 안 돼.

◎ 협박, 약속, 다짐과 같은 의미를 표현할 때도 사용 가능하다.

Söz veriyorum. Hiçbir zaman mutsuz olmayacaksın.
약속할게. 어떠한 경우에도 불행하지 않을 거야.

Yanlış yaptın. Yemin ederim pişman olacaksın.
네가 잘못했어. 맹세컨데 반드시 후회할 거야.

3 DA

DA는 보조사로서 한국어의 '~도/역시'라는 뜻을 가진다.

A: Sen **de** gelmek istiyor musun? 너도 오기를 원하니?
B: Ben **de** geliyorum. 나도 올 거야.

A: Bende hiç para yok. 나에게 돈이 없어.
B: Bende **de** yok. 나에게도 없어.

A: Ben seni seviyorum. 나는 너를 사랑해.
B: Ben **de** seni. 나도 너를.

Ek duraksama yeri

8-2

A: Türkçe öğrendikten sonra ne yapacaksın?
터키어를 배우고 나서 무엇을 할 거니?

B: Türkçe öğrendikten sonra Almanca öğrenmeye başlayacağım.
터키어를 배우고 나서 독일어를 배우기 시작할 거야.

A: Mehmet yarın ne yapacak?
메흐멧은 내일 뭘 하니?

B: Mehmet, yarın öğleden sonra futbol maçı izlemeye gidecek.
메흐멧은 내일 오후에 축구 경기를 보러갈 거야.

A: Geçen katıldığınız tur nasıldı?
지난번 참가했던 관광 어땠니?

B: Çok pişman olduk. Bir daha asla gitmeyeceğiz.
매우 실망했어. 다시는 절대 참가하지 않을 거야.

*asla는 '절대 ~아니다'라는 부정의 의미를 내포하므로 부정사와 함께 쓰인다.

A: Yaz tatilinde nereye gideceksiniz?
여름휴가 때 어디를 갈 계획이니?

B: Antalya'ya gideceğiz.
안탈리아에 갈 거야.

başlamak 시작하다
futbol maçı 축구 경기
izlemek 관람하다
katılmak 참여하다
tur 관광, 투어
pişman 실망

Alıştırmalar

1 다음 중 문맥에 적절한 것을 고르시오.

1 Sen hiç hızlı trene (bindin mi / binecek miydin)?

2 Ben seneye Almanya'da (olacağım / oldum).

3 Ehliyetimi aldım. Para kazanıp yeni bir araba (alacağım / almışım).

4 Bize bu akşam misafirler (geldi / gelecek).

2 다음 중 빈칸에 들어갈 알맞은 것을 고르시오.

1 Birlikte sabah yola ___________.

① çıkcaz ② cıkacaz

③ çıkacağız ④ çıkacakız

2 Bugün öğlen yemeği olarak döner kebap ___________.

① yiyeceğim ② yeyeceğim

③ yiyecekler ④ yeceğim

3 Ders saat kaçta ___________?

① başlayacak ② başlayacağım

③ başlayacaksınız ④ başladım

3 다음 빈칸에 들어갈 알맞은 동사의 활용형을 쓰시오.

1 Size söz veriyorum. Asla pişman ol___________________.

2 Ben bir gün senden çok daha zengin ol___________________.

3 Sence bu sınavda ben başarılı ol___________________?

KONU 09

직업소개 의사는 병원에서 일한다.

Doktor hastanede çalışır.

Okuma

9-1

Nurettin bey, Ankarada bir hastanede doktor. Ama o sıradan bir Doktor değil. Oldukça başarılı ve çalışkan. Her sabah 5'te kalkar. Saat 9dan 12'e kadar hastaları muayene eder. Öğlen arasında hızlı bir şekilde yemeğini yer. Kalan zamanında da tıp ile ilgili dergileri okur. Her salı günü toplantısı vardır. Öğleden sonra mesai saati bitene kadar hastalarla ilgilenir. Nurettin bey çok sıcakkanlı. Özellikle çocuk hastalar ona baba der.

누레틴 씨는 앙카라에 있는 한 병원의 의사입니다. 하지만 그는 일반 의사들과 다릅니다. 매우 성공적이고 또한 성실합니다. 매일 아침 5시에 일어납니다. 아침 9시에서 12시까지 환자들을 진료합니다. 점심시간에도 매우 빠르게 식사를 합니다. 남은 시간에는 의학과 관련된 잡지들을 읽습니다. 매일 화요일에 회의가 있습니다. 오후에는 진료시간이 끝날 때까지 환자들을 돌봅니다. 누레틴 씨는 매우 온정이 많은 사람입니다. 특히 어린 환자들은 그에게 아빠라고 부릅니다.

Sözcük

- **hastane** 병원
- **doktor** 의사
- **sıradan** 평범한, 보통의
- **oldukça** 매우, 아주
- **başarılı** 성공한
- **çalışkan** 성실한
- **muayene etmek** 진료하다
- **öğlen arası** 점심시간
- **hızlı** 빠른
- **kalan zaman** 남은 시간
- **tıp** 의학, 의료
- **ilgili** 관련된
- **dergi** 잡지
- **toplantı** 회의
- **mesai saati** 근무시간
- **ilgilenmek** 돌보다
- **sıcakkanlı** 온정이 많은, 따뜻한

Dil bilgisi

1 Geniş Zaman: 초월시제 혹은 보편시제 -(A)r-

불변의 진리, 습관적인 행위, 의사표현, 가까운 미래, 권유 또는 명령, 속담, 때로는 과거의 의미를 표현하는 등 과거, 현재, 미래라는 특정 시간에 구애 받지 않고 사용되기 때문에 초월시제, 보편시제로 번역된다.

주어	동사	부정사	시제어미	의문사	인칭어미
ben	sev-	ma	-r	mı	-m/-ım/-im/-um/-üm/-yım/ -yim/-yum/-yüm
sen	yap-	me	-ır/-ir/-ur/-ür	mi	-sin/-sın/-sun/-sün
o	ye-	maz	-ar/-er	mu	-
biz	git-	mez		mü	-ız/-iz/-uz/-üz/-yız/-yiz/ -yuz-/-yüz
siz	görüş-				-siniz/-sınız/-sunuz/-sünüz
onlar	oku-				(-lar)/(-ler)

⊙ 평서문

■ 동사 어간이 모음으로 끝나는 경우 -r가 따라온다.

dinl**e**-**r** Her akşam pop müzik dinl**e**-**r**.
매일 저녁 팝음악을 듣는다.

ok**u**-**r** Akşamlar bir saat kitap ok**u**-**r**-um.
나는 매일 저녁 한 시간씩 책을 읽는다.

■ 두 음절 이상인 동사 어간이 자음으로 끝나는 경우 모음조화에 따라 -Ir(-ır, -ir, -ur, -ür)가 따라온다.

çalı**ş**-**ır** Sınavdan geçmek için her gün çalı**ş**-**ır**.
시험에서 통과하기 위하여 매일 공부를 한다.

güldü**r**-**ür** Babam çok komik bir insan. Hepimiz **güldür**-**ür**.
아버지는 매우 재미있는 분이다. 모두를 웃긴다.

■ 동사 어간이 한 음절이며 자음으로 끝나는 경우 모음조화 규칙에 따라 -Ar를 붙인다.

do**ğ**-**ar** Güneş doğudan do**ğ**-**ar**.
해는 동쪽에서 뜬다.

ge**z**-**er** Her yıl en az iki ülkeyi ge**z**-**er**-iz.
우리는 매년 적어도 두 나라를 여행한다.

■ 아래 13개 단어의 경우는 동사의 어간이 한 음절이며 자음으로 끝나지만 예외적으로 동사의 활용형이 다음과 같다.

almak	al-ır	받다, 사다	bilmek	bil-ir	알다
bulmak	bul-ur	찾다	durmak	dur-ur	멈추다
gelmek	gel-ir	오다	görmek	gör-ür	보다
kalmak	kal-ır	머무르다	olmak	ol-ur	되다
ölmek	öl-ür	죽다	sanmak	san-ır	생각하다, ~라고 여기다
varmak	var-ır	도착하다	vermek	ver-ir	주다
vurmak	vur-ur	치다, 때리다			

■ git-, et-, tat-과 같이 자음 t로 끝나는 단어의 경우, t → d로 바뀐다.

gimek 가다　　git-er → gi**d**-er
etmek 하다　　et-er → e**d**-er

⊙ 부정문

부정문의 경우 1인칭 단/복수형은 mA를 부정사로, 그 이외는 mAz를 사용한다.

Ben git-me-m.　　나는 가지 않는다.
Sen kork-maz-sın.　　너는 무서워하지 않는다.
O al-maz.　　그는 사지 않는다.
Bizyürü-me-yiz.　　우리는 걷지 않는다.
Sizgör-mez-siniz.　　너희들/당신은 보지 않는다.
Onlar ye-mez.　　그들은 먹지 않는다.

⊙ 의문문

■ 긍정 의문문의 경우, 의문사가 인칭어미와 함께 결합되며, 초월시제어미에 후행한다.

Ben öğren-ir miyim?　　나는 배웁니까?
Sen gid-er misin?　　너는 가니? ('좀 가줄래?'라는 의미를 내포하기도 함)
O oku-r mu?　　그는 읽습니까?
Biz anla-r mıyız?　　우리는 이해합니까?
Siz sev-er misiniz?　　너희들은 좋아합니까?
Onlar yap-ar mı?　　그들은 합니까? / 그들이 할 수 있습니까?

■ 부정 의문문에서 의문사 mI는 3인칭 단/복수를 제외하고 인칭어미와 함께 나타난다.

Ben anla-maz mıyım? 내가 이해하지 못합니까?
Sen kız-maz mısın? 너는 화를 내지 않을 거니?
O düş-mez mı? 그것이 떨어지지 않을까?
Biz izle-mez miyiz? 우리는 시청하지 않습니까?
Siz ye-mez misiniz? 너희들/당신은 먹지 않습니까?
Onlar gel-mez mi? 그들은 오지 않습니까?

⊙ 불변의 진리를 나타낸다.

Güneş doğudan doğar, batıdan batar. 해는 동쪽에서 뜨고, 서쪽으로 진다.
İki çarpı iki dört eder. 2 곱하기 2는 4이다.

⊙ 습관적 행위를 나타낸다.

Bora her gün spor yapar. 보라는 매일 운동을 한다.
Dersler saat dokuzda başlar ve akşam altıda biter.
수업은 9시에 시작하고 저녁 6시에 끝난다.
O çay içmeyi çok sever. Her gün 5 bardak çay içer.
그는 마시는 것을 매우 좋아한다. 매일 5잔의 차를 마신다.

⊙ 일반적인 사실을 설명하기 위해 사용한다.

Babam çocukları çok sever. 아버지는 아이들을 매우 좋아하신다.
Ben et yemeklerini çok severim. 나는 고기음식을 매우 좋아한다.
Onlar hiç yalan söylemezler. 그들은 절대 거짓말을 하지 않는다.

⊙ 권유, 부탁 또는 명령의 의미를 가진다.

Bana yardım eder misiniz? 저를 도와주시겠습니까?
Bu kitabı okuduktan sonra buraya bırakırsınız.
이 책을 읽은 이후에 이곳에 놓아주세요.

⊙ 가까운 미래를 설명할 수 있다.

Yarın saat 6 gibi İstanbula varırız. 우리는 내일 6시쯤에 이스탄불에 도착할 것이다.
Yarın okulda görüşürüz. 내일 학교에서 만나자.
Meltem az sonra gelir. 멜템은 조금 더 이따 올 것이다.

⊙ 속담

Damlaya damlaya göl olur. 낙숫물이 댓돌을 뚫는다.
Gök gürlemeden yağmur yağmaz. 하늘이 울리기 전에 비는 오지 않는다.

◎ 과거: 터키의 유명 민담 Nasrettin hoca(나스레틴 호자) 이야기의 경우, 보편시제 어미로 서술된 모든 문장을 과거시제 어미로 변경해도 의미상 문제가 없다. 즉, 과거의 의미를 나타내기 위해서도 보편시제 어미가 사용될 수 있다는 것을 보여주는 단편적인 예이다.

Nasrettin hoca bir gece aniden uyanır.
나스레틴 호자가 어느날 밤 갑자기 벌떡 일어났다.

– Hatun, çabuk kalk. Gözlüğüm nerede, bulamıyorum?
"부인, 어서 일어나보시오. 안경이 어디 있소? 찾을 수가 없네."

2 부사

asla	절대	hiçbir zaman	절대, 어떠한 경우에도
arasıra	가끔	bazen	가끔
büyük olasılıkla	예외없이	büyük ihtimalde	십중팔구
genellikle	일반적으로, 대체		

Ablam **hiçbir zaman(= alsa)** şeftali yemez, çünkü alerjisi var.
누나는 절대 복숭아를 먹지 않습니다, 왜냐하면 알러지가 있기 때문입니다.

Erkek kardeşim çok yaramaz. **Ara sıra(= bazen)** yaramazlık yapıp beni kızdırmayı çok sever.
남동생은 매우 장난꾸러기입니다. 가끔 말썽을 피워 나를 화나게 하는 것을 매우 좋아합니다.

Büyük ihtimalde(= Büyük olasılıkla) sema geç gelecek. Çok yağmur yağıyor ve çok trafik var.
아마 십중팔구 세마는 늦게 올 것입니다. 매우 비가 많이 오며 또 교통체증이 있습니다.

Genelikle(= Normalde) her Pazar sabah arkadaşlarımla futbol oynarım.
일반적으로(대개) 매주 일요일 아침 친구들과 함께 축구를 합니다.

3 접속사

◎ **belki ~ belki:** 아마도, 어쩌면, ~거나 ~하다 (등위관계로서 불확실한 요소들을 선택하는 의미)

Bu yaz tatilinde **belki** İtalya'ya **belki de** Fransa'ya giderim.
나는 이번 여름 휴가에 이탈리아를 가거나 프랑스에 갈 거야.

A: Bu akşam ne yapacaksın? 오늘 저녁에 무엇을 할 거니?
B: **Belki** ders çalışırım **belki de** sinemaya giderim. 공부하거나 영화보러 갈 거야.

A: Bugün kar yağar mı? 오늘 눈이 올까?
B: **Belki de** yağar **belki de** yağmaz. 눈이 올 수도 있고 오지 않을 수도 있어.

ister ~ ister: ~거나 (등위관계로 둘 중 하나를 선택한다는 의미)

İster otobüse **ister** taksiye bin. 버스에 타거나 택시에 타.

İster ayran **ister** elma suyu iç. 아이란을 마시거나 사과주스를 마셔.

hem ~ hem ~: A와 B (등위관계로서 긍정적인 표현을 할 때 사용)

Dün **hem** yağmur **hem** kar yağdı. 어제는 비도 오고 눈이 왔다.

Elif **hem** çalışıp para kazanıyor **hem** üniversitede okuyor.
엘리프는 일을 하며 (돈을 벌고) 또한 대학을 다닌다.

Güler hanım **hem** evi temizliyor **hem** müzik dinliyor.
귈레르 부인은 집을 청소하고 또한 음악을 듣는다.

ne ~ ne de: 등위관계로 모든 요소들을 부정하기 위하여 사용 (단, ne 뒤에 나오는 동사는 모두 긍정의 형태로 사용)

Ömer asla et yemez. **Ne** dana eti **ne de** tavuk eti.
외메르는 절대 고기를 먹지 않는다. 소고기도, 닭고기도 (먹지 않는다).

Ali **ne** acıyı **ne de** ekşiyi seviyor.
알리는 매운 것도 신 것도 좋아하지 않는다.

Ne yağmur yağıyor **ne de** kar yağıyor.
비가 오지도 눈이 오지도 않는다.

Ali **ne** ders çalışıyor **ne de** ödevlerini yapıyor.
알리는 공부를 하지도 숙제를 하지도 않는다.

ya ~ yada: 또는 (등위관계)

Kararını ver! **Ya** kırmızı **ya** pembe. Bekliyorum seni.
결정을 해! 빨간색 또는 분홍색. 나는 너를 기다리고 있어.

Ya bisikletini **ya** motosikleti seç.
자전거 또는 오토바이를 골라.

Ya pideyi **ya da** lahmacunu ye.
피데 또는 라흐마준을 먹어.

Ek duraksama yeri

9-2

Ne iş yapıyorsunuz? 무슨 일을 하십니까?
Mesleğin nedir? 너는 직업이 뭐니?
Nerede çalışıyorsunuz? 어디에서 일하십니까?

A: Babanız ne iş yapıyor? 아버지께서는 무슨 일을 하십니까?
B: Babam doktor. 아버지는 의사이십니다.

A: Annenizin mesleği ne? 어머니의 직업은 무엇입니까?
B: Annem öğretmen. 어머니는 선생님이십니다.

A: Ne olmak istiyorsun? 무엇이 되고 싶습니까?
B: Avukat olmak istiyorum. 변호사가 되고 싶습니다.

Doktor hastanede çalışır. Muayene eder. Ameliyat yapar.
의사는 병원에서 일한다. 진료를 한다. 수술을 한다.

Öğretmen öğrencilerle ilgilenir, dersleri uygun şekilde planlayıp hazırlar.
선생님을 학생들을 돌본다, 수업을 알맞은 방식으로 계획하여 준비한다.

Meslek 직업

öğrenci	학생	öğretmen	선생님	doktor	의사
diş hekimi	치과의사	bankacı	은행원	profesör	교수
mimar	건축가	ev hanımı	주부	devlet memuru	공무원
hakim	판사	avukat	변호사	savcı	검사
asker	군인	taksi şoförü	택시운전사		

Alıştırmalar

1 다음 빈칸에 들어갈 알맞은 단어를 쓰시오.

1 A: Sabahlar kaçta uyanırsınız?

B: Yedide uyan__________.

2 A: Hangi meyveler seversiniz?

B: Elmayi sev__________.

3 A: Televizyonda hangi programları izlersiniz?

B: Kore dizileri izle__________.

2 다음 빈칸에 들어갈 알맞은 시제어미를 넣으시오.

1 Güneş doğudan doğ_____ batıdan bat_____.

2 Buraya yılda bir kez kar yağ_____.

3 Babam bebekleri çok sev_____.

4 Az sonra doktor her şeyi size anlat_____.

3 다음 빈칸에 들어갈 알맞은 접속어를 넣으시오.

1 Ayla __________ kalem __________ kitap getirdi.

2 Çantamın içinde __________ cüzdan __________ pasaportum var.

3 Tatlını __________ şimdi ye__________ yemekten sonra ye.

KONU 10

이야기 옛날 옛적에...

Bir varmış bir yokmuş...

Okuma

10-1

Bir varmış bir yokmuş...

Bir gün kraliçe sihirli aynasının karşısına geçmiş. "Ayna, ayna söyle bana. Bu dünyada benden güzeli var mı?" Ayna cevap vermiş. "Saygı değer kraliçem, kar gibi beyaz yüz, boncuk gibi yuvarlak gözleri, kiraz gibi kıpkırmızı dudakları, pamuk prenses sizden daha güzel. Bu ülkenin en güzeli pamuk prensestir."

Kraliçe bunu duyunca çok sinirlenmiş…

옛날 옛적에…

어느 날 왕비는 요술 거울 앞에 섰어요. "거울아, 거울아 나에게 말해보렴. 이 세상에서 나보다 아름다운 사람이 있니?" 거울이 대답했어요. "왕비님, 눈처럼 하얀 얼굴, 구슬처럼 둥근 눈망울, 체리같이 새빨간 입술, 백설공주가 왕비님보다 더 아름답습니다. 백설공주가 이 나라에서 가장 아름답습니다."

왕비는 이 말을 듣고 매우 화가 났어요…

Sözcük

bir varmış bir yokmuş... 옛날 옛적에...
kraliçe 왕비
sihirli 마술, 요술
ayna 거울
söylemek 말하다
dünya 세상
güzel 아름다운
cevap vermek 대답하다
kar 눈
yüz 얼굴
boncuk 구슬
yuvarlak 둥근
kiraz 체리
kıpkırmızı 새빨간
dudak 입술
pamuk prenses 백설공주
ülke 나라
duymak 듣다
sinirlenmek 화내다, 신경질 내다

Dil bilgisi

1 Görülmeyen geçmiş zaman 1: 불가시적 과거시제 1 -mIş

✎ TIP
터키어학계 내에서는 -mIş 어미를 과거시제로 본다는 입장과 그 반대의 입장으로 나뉜다. 왜냐하면 -mIş가 항상 과거에 발생한 일들을 설명하는 것은 아니기 때문이다. -mIş는 제3자로부터 듣게 되는 간접적인 과거의 의미를 설명할 뿐만 아니라 새로운 사실을 인지함과 동시에 발화를 하는 경우도 있으며, 추측을 하게 될 때에도 사용된다.

◎ 사건이 발생할 당시에는 알지 못하다가, 후에 제3자로부터 듣게 되거나 스스로 인지하게 된 경우에 사용한다. 이 책에서는 설명의 편리성을 위하여 불가시적 과거시제라고 명명한다.

주어	동사	부정사	불가시적 과거시제	의문사	인칭어미
ben	sev-	ma	-mış	mı	-m/-ım/-im/-um/-üm/-yım/-yim/-yum/-yüm
sen	yap-	me	-miş	mi	-sin/-sın/-sun/-sün
o	ye-	maz	-muş	mu	-
biz	git-	mez	-müş	mü	-ız/-iz/-uz/-üz/-yız/-yiz/-yuz-/-yüz
siz	görüş-				-siniz/-sınız/-sunuz/-sünüz
onlar	oku-				(-lar)/(-ler)

◎ 평서문

■ 동사의 활용은 동사 어간의 모음에 따라 그 형태를 달리한다.

- a, ı → -mış　**bak-mış** 보았다　**çık-mış** 나갔다
- e, i → -miş　**gel-miş** 왔다　**bil-miş** 알았다
- o, u → -muş　**sor-muş** 물었다　**kur-muş** 지었다
- ö, ü → -müş　**gör-müş** 보았다　**sür-müş** 칠했다

■ 인칭에 따른 활용은 다음과 같다.

Ben uyu-muş-um.　나는 잠이 들어버렸다.
Sen al-mış-sın.　너는 샀구나.
O git-miş.　그는 가버렸다.
Biz sor-muş-uz.　우리는 물어보았다.
Siz unut-muş-sunuz.　너희는 잊어버렸다.
Onlar dinle-miş.　그들은 들었다.

(*3인칭 복수는 주어를 따로 언급할 경우, 서술어에서의 인칭어미는 3인칭 단수형으로 나타나야 한다.)

⊙ 부정문 / 의문문

부정문은 시제어미와 인칭어미 사이에 모음조화에 따라 부정사 mA를 첨가한다. 의문형은 긍정문, 부정문 상관없이 의문사 mI가 시제어미와 인칭어미 사이에 오게된다. 의문사 mI는 모음조화에 따라 그 형태를 달리한다.

- a, ı → mı
- e, i → mi
- o, u → mu
- ö, ü → mü

Ben yap-mış mıyım?	내가 했던가?
Sen dinlen-miş misin?	너는 들었던가?
O evlen-miş mi?	그는 결혼을 했던가?
Biz kazan-mış mıyız?	우리는 이겼던가?
Siz oyna-mış mısınız?	너희는/당신은 놀았던가?

단, 3인칭 복수의 경우 의문사 mI가 인칭어미에 후행한다.

Onlar gül-müş mü? 그들은 웃었는가?

⊙ 과거시제 어미 -mIş는 과거 또는 현재에 일어난 사건을 제3자로부터 듣고 알게된 경우 사용한다.

Ben küçükken yabancıları görünce çok ağlarmışım.
나는 어릴 적 잘 모르는 사람들을 보면 많이 울었대요.

Haberde duyduğuma göre yine dolar yükselmiş.
뉴스에서 들은 바로는 또다시 달러가 치솟았다.

⊙ 기억을 잃거나 술이 취한 상태 등을 포함하여, 본인이 미처 인지하지 못하고 있다가 후에 깨닫게 되는 일들을 설명할 때 사용한다.

Kilo almışım. Spora başlayacağım.
(나는) 살이 많이 쪘네. 운동을 시작해야겠다.

Sen daha iyileşmemişsin. Dışarıya çıkma.
너는 아직 다 회복되지 않았어. 밖에 나가지마.

Ben tuvaletteydim. O beni aramış.
난 화장실에 있었다. 그가 나에게 전화를 했다.

Ben cüzdanımı eve bırakmışım. Bana borç verebilir misininiz?
나는 내 지갑을 집에 두고 왔다. 나에게 돈을 좀 빌려줄 수 있습니까?

Yemeğe bir bak, pişmiş mi?
음식을 봐, 익었나?

Burayı doldurun. Adınızı yazmayı unutmuşsunuz.
이곳을 채워주세요. 이름을 적는 것을 잊으셨네요.

Uzun saç sana yakışıyormuş.
긴 머리는 너에게 잘 어울리는구나.

→ 현재시제 어미와 함께 결합하여 사용 가능하다. 이 경우에는 현재 새롭게 인지한 사실을 나타내며, 과거의 의미는 가지지 않는다.

⊙ 다른 사람의 발화나 어떠한 상황을 믿지 못하는 경우 사용 가능하다.

Güya yarışmada onlar birinci olmuş. 마치 그들이 경기에서 1등을 한 것처럼 말한다.
→ 실제로는 1등을 하지 않았다.

Sanki evini tertemiz temizlemiş. 마치 집을 깨끗이 청소해놓은 것처럼 말한다.
→ 실제로 청소를 하지 않은 더러운 상태

2 Görülmeyen geçmiş zaman 2: 불가시적 과거시제 2 -mIş

주어	명사/형용사	부정사	보편시제	의문사	인칭어미
ben	zayıf öğrenci	değil	mı	-mış/-ymış	-m/-ım/-im/-um/-üm/-yım/ -yim/-yum/-yüm
sen	zengin		mi	-miş/-ymiş	-sın/-sin/-sun/-sün
o	başarılı		mu	-muş/-ymuş	-
biz	evli kardeş		mü	-müş/-ymüş	-ız/-iz/-uz/-üz/-yız/-yiz/ -yuz-/-yüz
siz	zayıf				-sınız/-siniz/-sunuz/-sünüz
onlar					(-lar)/(-ler)

⊙ 평서문

명사나 형용사 뒤에 바로 과거시제 -mIş를 붙여 사용 가능하다. 단어가 모음으로 끝나는 경우 반모음 y를 붙인다. 주체를 나타내는 인칭어미 역시 함께 사용한다. 제3자로부터 들은 사실 혹은 본인이 다른 곳에서 확인하여 인지한 사실 등을 나타낸다.

Ben küçükken çok zayıf-mış-ım. 나는 어릴 적 매우 말랐었다.
Sen okulun birinci-y-miş-sin. 네가 학교의 1등이라고 한다.
→ 제3자로부터 들은 사실 혹은 스스로 다른 곳에서 확인하여 인지한 사실

O film çok korkunç-muş. 그 영화는 매우 무섭다고 한다.
→ 제3자로부터 들은 사실

Bizim ailemiz eskiden çok zengin-miş-iz. 우리 가족은 과거에 매우 부자였다고 한다.

⊙ 부정문

- 부정문의 경우 명사, 형용사 뒤에 '~이 아니다'라는 뜻을 가진 değil을 붙이면 된다. -mIş와 인칭어미는 차례대로 değil에 후행한다.

Ben birinci değil-miş-im. 나는 1등이 아니라고 한다.
O öğretmen değil-miş. 그는 선생님이 아니라고 한다.

- 부정문은 ol-과 함께 부정사 ma를 사용해주면 된다.

Hala mezun ol-ma-mış.
아직도 졸업하지 못했다.

Bu yemek hiçbir zaman bu kadar iyi ol-ma-mış.
이 음식은 한번도 이렇게 잘 된 적이 없다.

⊙ 의문문

- 의문문의 경우 의문사 -mI가 -mIş에 선행한다.

Dün senin izlediğin filim korkunç mu-y-muş?
어제 너희들이 본 영화는 무서운 영화이니?

Bakar mısın? O koltuk boş mu-y-muş?
좀 봐줄 수 있으시겠어요? 그 좌석은 빈 좌석인가요?

- 의문문의 경우 긍정문과 부정문에 의문사 mu를 붙이면 된다.

Mehmet gerçekten okulun birinci ol-muş mu?
메흐멧이 정말로 학교에서 1등을 했단말이야?

Bakalım. Temiz ol-muş mu?
어디 보자. 깨끗해졌나?

⊙ -mIş가 장소와 함께 사용될 때에 장소격 부사 +DA는 장소를 가리키는 단어와 -mIş 사이에 위치한다. 단어가 모음으로 끝나는 경우, +DA와 -mIş 사이에 반모음 y가 사용된다.

Ben aradım. Ali hastanede-y-miş.
내가 전화를 해봤다. 알리는 병원에 있다고 한다.
→ 명사 뒤에 '되다'의 의미를 가진 ol-과 함께 사용할 수 있다.

Belirli geçmiş zaman ve Belirsiz geçmiş zaman
(과거시제 -DI와 불가시적 과거시제 -mIş의 차이점)

◎ 터키어에는 과거시제가 2종류로 나뉜다.

1 사건이 발생한 시간을 알고 있거나, 본인이 경험한 사건인 경우(Belirli geçmiş Zaman) -DI를 사용한다. 반면에 다른 곳으로부터 알게된 사건의 경우(Belirsiz geçmiş Zaman) -mIş를 사용한다.

Babam dün İstanbul'a gitti. 아버지는 어제 이스탄불로 가셨다.

Babam dün İstanbul'a gitmiş. 아버지는 어제 이스탄불로 가셨다.

→ 아버지가 어제 이스탄불로 가실 때 함께 있지 않았지만, 후에 다른 사람으로부터 소식을 듣게 되어 알게 되었을 경우 사용한다.

Sınav hazırlamak için bütün gün ders çalıştım.
나는 시험을 준비하기 위하여 하루 종일 공부했다.

Merve sınav hazırlamak için bütün gün ders çalışmış.
메르베는 시험을 준비하기 위하여 하루 종일 공부했다고 한다.

→ 메르베가 하루 종일 공부를 한 모습을 보지는 못했지만, 제3자로부터 듣게 되어 알게된 사실인 경우 사용한다.

2 과거 한 시점의 사건에 대하여 어떠한 동작이 완료되었음을 확실하게 알고 있는 경우에는 -DI를 사용하지만, 과거의 한 시점의 사건에 대한 미완료 혹은 의문, 의심 등을 나타내는 경우 때에는 -mIş를 사용한다.

Atatürk 1938 yılı 10 Kasım'da Dolmabahçe sarayında vefat etti.
아타튀르크는 1938년 11월 10일 돌마바흐체 궁전에서 세상을 떠났다.

→ 아타튀르크가 세상을 떠난 사실은 기정사실이므로 -DI를 사용한다.

Yapılan araştırmalara göre eskiden insanlar bu bölgede yaşamış.
연구 결과에 의하면 옛날 사람들은 이곳에 거주했다.

→ 옛날 사람들이 이곳에 거주했다는 것은 연구 결과에 의존한 일종의 추측이므로 -mış를 사용하여 표현하는 것이 맞다.

3 어떠한 동작이 완료되기 이전의 과정을 지켜본 경우, 완료 직후 -DI 사용이 가능하다. 완료되기까지의 과정을 보지 못한 경우라면 -mIş를 사용한다.

5 dakika bekledim. Sonunda su kaynadı. 나는 5분을 기다렸다. 드디어 물이 끓었다.

→ 5분동안 물이 끓고 있는 상황을 지켜본 상태에서 물이 끓음을 눈으로 직접 확인하였기 때문에 -DI를 사용한다.

Aaa! Su kaynamış. Çay demleyelim! 아! 물이 끓었다. 차를 우리자!

→ 물이 끓는 과정을 지켜보지는 않았지만 물이 끓은 상태를 확인하였기 때문에 -mIş를 사용한다.

Her gün çiçeğe baktım. Ama öldü. 매일 꽃을 돌보았다. 하지만 죽었다.

→ 매일 꽃을 돌본 과정을 거쳤지만 죽은 것을 눈으로 확인하였다는 뜻으로 쓰였다.

İstanbul'dan eve döndüm. Evdeki tüm çiçekler ölmüş.

이스탄불에서 집에 돌아왔다. 집에 있던 모든 꽃들이 죽었다.

→ 이스탄불에 가있던 사이 집에 있던 꽃들이 죽어버렸는데, 돌보지 못하여 죽은 과정을 보지 못한 채 그 결과만을 보았기 때문에 -mIş를 사용한다.

3 gibi/kadar: ~과 같이, 같은/ ~처럼

◎ gibi는 '~과 같이, 같은'의 뜻으로 쓰인다. 5과에서 잠깐 언급한 kadar의 경우는 gibi와 같은 뜻으로 쓰이며, 동급을 나타내기도 한다.

kar gibi beyaz	kar kadar beyaz	눈처럼 하얀
buz gibi soğuk	buz kadar soğuk	얼음처럼 차가운
taş gibi sert	taş kadar sert	돌처럼 딱딱한
şeker gibi tatlı	şeker kadar tatlı	사탕처럼 달콤한
keçi gibi inatçı	keçi kadar inatçı	염소처럼 고집이 센
inci gibi zarif	inci kadar zarif	진주처럼 고귀한
pamuk gibi yumuşak	pamuk kadar yumuşak	솜처럼 부드러운

4 비교급 DAn daha + 형용사

'~보다 더'의 비교급 의미를 나타내기 위해서 +DAn을 사용한다.

명사	비교급	형용사
bu oda İstanbul ali	+dan/den daha +tan/ten	büyük küçük akıllı

◎ +Dan은 모음조화에 따라 선행하는 단어가 A형 모음으로 끝나는 경우에는 +dan, 선행하는 단어가 E형 모음으로 끝나는 경우에는 +den를 사용한다.

İstanbul Ankara + **dan** daha güzel. 이스탄불은 앙카라보다 더 아름답다.

İstanbul İzmir + **den** daha kalabalık. 이스탄불은 이즈미르보다 더 복잡하다.

kalabalık 복잡한, 혼잡한

◎ +DAn에 선행하는 단어가 ç, k, p, t로 끝나는 경우 +dAn → tAn으로 변화한다.

Ali Ahmet + **ten** daha çalışkan. 알리는 아흐멧보다 더 성실하다.

⊙ +DAn에 선행하는 단어가 모음으로 끝나는 경우 매개자음 n을 사이에 넣어 사용한다.

Senin odan onunk**i** + **n** + **den** daha büyük. 너의 방은 그의 방보다 더 크다.

5 최상급 en: 매우, 가장

형용사 앞에 최상급을 의미하는 'en'을 붙인다.

명사	소유격 조사	최상급	형용사	명사	어미
Sınıf	-ın/-in	en	çalışkan	öğrenci	-ı/-sı
Dünya	-un/-ün		güzel	şehir	-i/-si
Türkiye	-nın/-nin		büyük	göl	-u/-su
Kore	-nun/-nün		yüksek	dağ	-ü/-sü

⊙ '~에서 가장 ~한'의 의미를 표현하기 위해서는 '명사 + 소유격 조사'를 사용하면 된다.

Sınıfın en çalışkan öğrencisi, Ali'dir.
교실에서 가장 성실한 학생은 알리입니다.

Dünyanın en güzel şehri İstanbul'dur.
세상에서 가장 아름다운 도시는 이스탄불입니다.

Türkiye'nin en büyük gölü, Van gölüdür.
터키에서 가장 큰 호수는, 반 호수입니다.

Kore'nin en yüksek dağı Baekdu Dağdır.
한국에서 가장 높은 산은 백두산입니다.

göl 호수

Ek duraksama yeri

10-2

A: En çok sevdiğin şarkıcı kimdir? 가장 좋아하는 가수는 누구야?

B: En sevdiğim şarkıcı Tarkandır. 내가 가장 좋아하는 가수는 타르칸이야.

A: En sevdiğin mevsim hangisi? 가장 좋아하는 계절은 무엇이야?

B: En sevdiğim mevsim bahar. 내가 가장 좋아하는 계절은 봄이야.

A: Korede hangi şehirler var? 한국에는 어떤 도시들이 있니?

B: Korede Seul, İnchoen, Busan gibi büyük şehirler var.
한국에는 서울, 인천, 부산과 같은 큰 도시들이 있어요.

A: En sevdiğin meyve hangisi? 가장 좋아하는 과일은 무엇이니?

B: En sevdiğim meyve kiraz'dır. 가장 좋아하는 과일은 체리야.

Alıştırmalar

1 다음 빈칸에 들어갈 알맞은 동사 활용형을 쓰시오.

1 Bütün gece arkadaşlarımla deniz kenarında otur__________.

2 Fatih Sultan Mehmet, İstanbul'u 1453 yılında fethet__________.

3 Büyükbabam 20 yaşında evlen__________.

4 Türkler, Anadolu'ya Asya'dan gel__________.

5 Oğlum parkta ne gördü, bilmiyorum. Ama çok kork__________.

6 Sen bugüne kadar en çok kimi sev__________?

2 다음 표를 참고하여 질문에 대한 답을 적으시오.

	Mert	Burçe	Nihal	Ahmet
yaşı	24	19	20	26
boyu	1.85	1.75	1.70	1.72
kilo	75	60	55	69

1 En uzun boylu kim? __________

2 Kim Ahmet'ten daha kısa? __________

3 En genç kim? __________

KONU 11

교통수단 우리는 크즐라이에 버스를 타고 갈 수 있습니다.

Kızılay'a otobüs ile gidebiliriz.

Diyalog

11-1

Ece: Biraz acele edelim, belki şu dolmuşa yetişebiliriz.

Hamdi: Otobüsle de gidebiliriz.

Ece: Tabi gidebiliriz. Ama dolmuş biraz daha hızlı. Of, kaçırdık. Neyse, bir sonraki dolmuşa binebiliriz. Ya da otobüsle gidelim artık.

Hamdi: Otobüs durağı nerede?

Ece: Hemen şurada. Otobüsten indikten sonra biraz yürüyeceğiz.

Hamdi: Aa. Otobüs geliyor.

Ece: Hayır, buna binmeyeceğiz. Bu başka yere gidiyor. Kızılay'dan geçmez.

Ece: 조금 서두르자, 어쩌면 저 돌무쉬를 탈 수 있을 거야.

Hamdi: 우리는 버스를 타고도 갈 수 있잖아.

Ece: 물론 갈 수 있지. 그런데 돌무쉬가 조금 더 빨라. 아, 놓쳤네. 다음 돌무쉬에 탈 수 있을 거야. 아니다, 버스로 가자.

Hamdi: 버스 정류장은 어디야?

Ece: 바로 저기. 버스에서 내리고 나서 조금 걸어야 해.

Hamdi: 아. 저기 버스 온다.

Ece: 아니야, 이 버스에 타지 않을 거야. 이 버스는 다른 곳으로 가거든. 크즐라이를 지나가지 않아.

Sözcük

acele etmek 서두르다

belki 아마도, 어쩌면

dolmuş 돌무쉬 (일정 경로를 따라 이동하지만 일반 버스와는 달리 원하는 곳에서 타고 내릴 수 있는 교통수단)

yetişmek 도달하다

hızlı 빠른

kaçırmak 놓치다

neyse 어쨌든

artık 이제, 더 이상

otobüs durağı 버스 정류장

hemen 어서, 빨리, 바로

inmek 내리다

geçmek 지나치다

Dil bilgisi

1 Yeterlilik: 가능성, 능력

⊙ 한국어의 '~할 수 있다'라는 능력 또는 가능성의 의미를 가지지만, 문맥에 따라서 허락 또는 요구사항을 뜻하기도 한다.

동사	부정		가능성	시제	의문사	인칭어미
al gel git konuş oku anla	-a/-ya -e/-ye	ma me mez mez	-(y)abil -(y)ebil	-(ı)yor -dı -(y)AcAk -mlş -r/-Ir/-Ar	mı mi	-(y)ım/-m -sın/-n - -(y)ız/-k -sınız/-nIz -lAr

⊙ 평서문

- 동사 어간의 모음 형태에 따라 -abil, -ebil로 나뉜다. 동사의 어간이 모음으로 끝나는 경우 발음의 편리성을 위하여 반모음 y를 넣는다. -Abil에는 시제어미, (의문문의 경우 의문사와) 인칭어미가 후행한다.

oku-y-abil-ir-im	나는 읽을 수 있다	oku-y-abil-di-m	나는 읽을 수 있었다
bil-ebil-ir-sin	너는 알 수 있다	bil-ebil-di-n	너는 알 수 있었다
ver-ebil-ir	그는 줄 수 있다	ver-ebil-di	그는 줄 수 있었다
yürü-y-ebil-ir-iz	우리는 걸을 수 있다	yürü-y-ebil-di-k	우리는 걸을 수 있었다
gör-ebil-ir-siniz	너희들은 볼 수 있다	gör-ebil-di-niz	너희들은 볼 수 있었다
yap-abil-ir (ler)	그들은 할 수 있다	yap-abil-di (ler)	그들은 할 수 있었다

- -Abil 는 가능성을 나타낸다.

Ben bu halteri kaldırabilirim. 나는 이 아령을 들 수 있습니다

Dikkat et! Aniden sokakta araba çıkabilir.
조심! 갑자기 골목에서 자동차가 나올 수 있어.

- 동작주체의 능력을 표시하기도 한다.

Ben bu halteri kaldıramam. 나는 이 아령을 들 수 없습니다.

Usain bolt, yüz metreyi 9 saniyede koşabilir.
우사인볼트는 100미터를 9초만에 뛸 수 있습니다.

의문문

■ 의문문의 경우 동사의 어간 (부정) + Abil + 시제 + 의문사 + 인칭어미 형태로 나타난다.

Ayağın iyileşti mi? Artık yürü-y-ebil-ecek misin?
너 다리는 다 나았니? 이제 걸을 수 있는 거야?

■ 의문문으로 사용되어 허락 또는 정중하게 요구를 뜻한다.

Arabaya binebilir miyim? 제가 차에 타도 됩니까?
Bir soru sorabilir miyim? 제가 질문을 해도 됩니까?
Pencereyi açabilir misiniz? 창문을 열어주실 수 있으시겠습니까?
Bize yardım edebilir misiniz? 우리들을 도와주실 수 있으시겠습니까?

부정문

■ 부정문의 경우 '-(y)AmA-'의 형태로 나타나며 시제어미와 인칭어미가 후행한다.

oku-y-abil-ir-m 나는 읽을 수 있다 oku-y-ama-m 나는 읽을 수 없다

■ 부정문은 '-(y)AmA-'의 형태 이외에도 '-mAyabil-', '-AmAyabil-'의 형태로도 나타날 수 있는데, 상황에 따라 다른 의미를 전달한다.

Ben bu yemeği **yapamam.** 나는 이 음식을 만들 수 없다.
→ 이전에 시도를 해봤지만 성취하지 못한 일에 대하여 설명할 때

Ben bu yemeği **yapamayabilirim.** 나는 이 음식을 만들 수도 없을 수도 있다.
→ 이전에 시도를 해보지 않아서 성취할 수 있을지 없을지 모르는 상황

Ben bu yemeği **yapmayabilirim.** 나는 이 음식을 만들지 못할 수도 있다.
→ 가능성과는 관계가 없는 상황이며, 계획했던 다른 어떠한 사건을 원인으로 실행하지 못하게 되는 경우 사용한다. 하거나 하지 않는 상황을 의미한다.

2 반의어

kalabalık	복잡한	↔	boş	텅 빈
tehlikeli	위험한	↔	güvenli	안전한
çalışkan	부지런한, 열심히	↔	tembel	게으른
yavaş	천천히	↔	hızlı	빠른
pahalı	비싼	↔	ucuz	싼
yüksek	높은	↔	alçak	낮은
büyük	큰	↔	küçük	작은

3 -(y)A -(y)A: ~하고 ~해서

동사의 어간을 -(y)A와 함께 반복 사용하면서 그 의미를 강조하는 역할을 한다.

동사	형태
al- sev- konuş- ye- bak- sora-	-a/-ya ··· -a/-ya -e/-ye ··· -e/-ye -ma/-maya ··· -ma/-maya -me/-meye ··· -me/-meye

Yiye yiye çok kilo almışsın. (너는) 먹고 또 먹어서 살이 많이 쪘구나.
Seve seve yardım ederim. (내가) 즐거운 마음으로 도와줄게.
Seçe seçe bunu mu seçtin. (너는) 고르고 또 골라서 겨우 이걸 골랐니.

4 +ce/A göre: ~생각에는/~입장에서는

- 주격대명사(ben/sen/o/biz/siz/onlar) 뒤에 +ce/A göre가 함께 오면 '~의 생각에는/~의 입장에서는'이라는 의미가 성립된다.

bence	sence	bizce	sizce	Aliye göre
내 생각에는	네 생각에는	우리 생각에는	너희 생각에는	알리 입장에서는

Bence o çocuk çok akıllı. 내 생각에 그 아이는 매우 똑똑해.
Sence o cevap doğru mu? 네 생각에 그 답이 맞니?
Bizce İstanbulda herşeyi çok pahalı. 우리 생각에 이스탄불은 물가가 많이 비싸.
Sizce bugün ali gelecek mi? 너희 생각에 오늘 알리가 올 것 같니?
Aliye göre belki bu mantıksız. 알리 입장에서 아마도 이건 비상식적인 걸 거야.

- 3인칭 그, 그들: onca/onlarca는 사용되지 않는다. 대신 ona göre, onlara göre를 사용할 수 있다.

ona göre	onlara göre
그의 입장에서는	그들 입장에서는

Ona göre bu doğrudur. 그에게 있어서 그건 맞는 말일 거야.
Onlara göre bu yemek güzeldir. 그들에게 있어서 이 음식은 맛있을 거야.

TIP

Ankara'ya göre İstanbul daha güzel. 앙카라보다 이스탄불이 더 아름답다.

+a göre가 사물에 사용되는 경우에는 비교의 의미를 가진다.

Ek duraksama yeri

11-2

• 부탁/명령

A: Lütfen sigarayı söndürür müsünüz? Burada sigara içmek yasaktır.
담배를 좀 꺼주시겠어요? 이곳에서 흡연은 금지입니다.

B: Çok özür dilerim. Yazıyı görmedim.
정말 죄송합니다. 경고를 보지 못했습니다.

A: Bana biraz borç verebilir misin? 나에게 돈 좀 빌려줄 수 있니?

B: Ne kadar lazım sana? 얼만큼 필요한데?

• 정중한 부탁

A: Dans etmek istiyorum. Bana eşlik eder misin?
춤을 추고 싶습니다. 제 파트너가 되어주시겠습니까?

B: Tabi ki. 물론이지요.

• 일반 질문

A: Genellikle hangi tür müzikleri dinlersiniz?
일반적으로 어떤 종류의 음악들을 들으십니까?

B: Genellikle pop müziği dinlerim. 주로 팝을 들어요.

A: Televizyonda hangi programları izlersiniz? 어떤 TV 프로그램을 시청하십니까?

B: Komedi programı izlerim. 코미디 프로그램을 시청합니다.

yolcu	탑승객	taksi metre	택시 미터기
fiş	영수증	taksi durağı	택시정류장
otobüs durağı	버스정류장	adres	주소
tren	기차	araba	자동차
taksi	택시	metro	지하철
tramvay	전차	bisiklet	자전거
motosiklet	오토바이	gemi	배

Alıştırmalar

1 다음 문장이 어떤 속성을 가지고 있는지 적고 해석하시오.

1 Ben keman çalamam ama piyano çalabilirim.

____

2 Pardon burası boş mu? Oturabilir miyim?

____

3 O belki de gelmeyebilir.

____

4 Bügün biraz erken çıkabilir miyim?

____

5 O bisiklete binemez ama motosiklet kullanabilir.

____

2 다음 동사로 1인칭 시점의 '능력' 문장을 만드시오.

예 ata binmek → Ben ata binebilirim. / Ben ata binemem.

1 bisiklet sürmek.

______________ / ______________

2 piyano çalmak.

______________ / ______________

3 Türkçe konuşmak.

______________ / ______________

4 motosiklet kullanmak.

______________ / ______________

5 bale yapmak.

_______________ / _______________

6 resim çizmek

_______________ / _______________

7 araba kullanmak.

_______________ / _______________

3 다음 단어를 순서에 맞게 배열하여 문장을 완성하시오.

1 soruyu / ancak / sınıfta / Ahmet / çözmek / bu (O, 긍정)

____

2 metreyi / 15saniyenin / altında / misin / yüz / koşabilir (의문)

____

KONU 12

길 묻기 실례합니다, 아타튀르크 고등학교는 어디에 있습니까?

Affedersiniz, Atatürk lisesi nerede?

Diyalog

12-1

Sözcük

affedersiniz 실례합니다
uzak 먼
peki 그렇다면
durak 정류장
numaralı 번호
tekrar 다시
kolay 쉬운
karşı 건너편
metre 미터
ileri 전방

Kemal: Affedersiniz. Atatürk lisesi nerede? Oraya yürüyerek gidebilir miyim?

Yolcu 1: Hayır, gidemezsiniz. Çok uzak.

Kemal: Peki oraya nasıl gidebilirim?

Yolcu 1: Şu duraktan 123 numaralı otobüse binip kızılay meydanında inin. Zaten en son durak olacak. Otobüsten inince tekrar sorun.

Kemal: Yardımınız için teşekkürler.

Yolcu 1: Bir şey değil.

(20dakika sonra)

Kemal: Affedersiniz. Buradan Atatürk lisesine nasıl gidebilirim?

Yolcu 2: Çok kolay. Karşıya geçin. 300 metre yürüyün. Solda bir taksi durağı var. Oradan sağa dönün. Atatürk lisesi 100 metre ileride olacak.

Kemal: Çok teşekkür ederim.

Yolcu 2: Rica ederim.

Kemal: 실례합니다. 아타튀르크 고등학교는 어디에 있습니까? 그곳에 걸어서 갈 수 있을까요?

Yolcu 1: 아니요, 가실 수 없습니다. 매우 멀어요.

Kemal: 그렇다면 그곳에 어떻게 갈 수 있을까요?

Yolcu 1: 저기 정류장에서 123번 버스를 타고 크즐라이 광장에서 내리세요. 그곳이 마지막 정류장이 될 거예요. 버스에서 내리시면 다시 물어보세요.

Kemal: 도와주셔서 감사합니다.

Yolcu 1: 별말씀을요.

(20분 후)

Kemal: 죄송합니다. 여기서 아타튀르크 고등학교에 어떻게 갈 수 있지요?

Yolcu 2: 매우 쉽습니다. 건너편으로 건너가세요. 300m 걸어가세요. 왼쪽에 택시정류장이 있어요. 그곳에서 오른쪽으로 도세요. 아타튀르크 고등학교는 100m 전방에 있습니다.

Kemal: 정말 감사합니다.

Yolcu 2: 천만에요.

Dil bilgisi

1 -Ip: ~하고서

- 두 개의 문장을 연결할 때 사용하는 **-Ip**은 첫 번째 문장의 행위가 끝난 이후, 순차적으로 두 번째 문장의 행위가 이어짐을 나타낼 때 사용한다. 첫 번째 문장의 동사의 어간에 -Ip을 연결해준다.
- -Ip은 동사 어간의 마지막 음절의 모음조화에 따라 그 형태를 변화시킨다. 동사의 어간이 모음으로 끝나는 경우 반모음 y를 추가한다.

• a, ı	→	ıp	aç-ıp	열고서	çık-ıp	나가서
• e, i	→	ip	gel-ip	와서	bin-ip	타고서
• o, u	→	up	oku-y-up	읽고서	buluş-up	만나서
• ö, ü	→	üp	gör-üp	보고서	gül-üp	웃고서

Saat yedide kalktım. Kahvaltı hazırladım.
나는 아침 7시에 일어났다. 아침식사를 준비했다.

⇩

Saat yedide **kalkıp** kahvaltı hazırladım.
나는 아침 7시에 일어나서 아침식사를 준비했다.

Dışarı çıktım. Bir saat yürüdüm.
나는 밖으로 나갔다. 1시간 걸었다.

⇩

Dışarı **çıkıp** bir saat yürüdüm.
나는 밖으로 나가서 1시간 걸었다.

Halil, benimle buluşmak istiyor. Konuşmak istiyor.
할릴은 나와 만나고 싶어한다. 이야기하고 싶어한다.

⇩

Halil benimle **buluşup** konuşmak istiyor.
할릴은 나와 만나서 이야기하고 싶어한다.

→ 이 문장에서는 İstemek이 공통적으로 반복되므로 두 번째 문장에만 사용한다.

buluşmak istemek
만나고 싶어하다

konuşmak istemek
이야기하고 싶어하다

2 -ArAk: ~하면서

두 개의 문장을 연결할 때 사용한다. 첫 번째 문장의 행위와 **동시에** 두 번째 문장의 행위가 이루어짐을 나타낼 때 사용한다. 직역하면 '~하면서 ~하다'라는 의미를 가진다.

⊙ 첫 번째 문장의 동사 어간에 -ArAk을 연결한다. -ArAk은 동사 어간의 마지막 음절의 모음조화에 따라 형태가 변화한다.

- A형 모음(a, ı, o, u) → -arak bak-**arak** 보면서
- E형 모음(e, i, ö, ü) → -erek çöz-**erek** 풀면서

⊙ ye-, de-의 경우 -ArAk과 결합 시 yi-, di-로 형태가 변화한다.

- **ye**-y-erek → **yi**yerek 먹으면서
- **de**-y-erek → **di**yerek 말하면서

Bana bağırdı. Kapıdan çıktı. 나에게 소리를 질렀다. 문을 열고 나갔다.
⇩
Bana bağırarak kapıdan çıktı. 나에게 소리를 지르면서 문을 열고 나갔다.

Polis kapıyı kırdı. Eve girdi. 경찰은 문을 박찼다. 집 안으로 들어갔다.
⇩
Polis kapıyı kırarak eve girdi. 경찰은 문을 박차면서 집 안으로 들어갔다.

Tüm soruları iyi düşündüm. Çözdüm. 나는 모든 문제들을 잘(깊이) 생각했다.
⇩
Tüm soruları iyi düşünerek çözdüm. 나는 모든 문제들을 잘 생각하면서 풀었다.

Ek duraksama yeri

12-2

A: Affedersiniz, Süpermarket nerede?
실례합니다, 슈퍼마켓은 어디지요?

B: Süpermarket caddenin sonunda. Kebapçının karşısında.
슈퍼마켓은 이 길 끝에 있습니다. 케밥집 건너편입니다.

A: Affedersiniz, Emek Mahallesi'ne kaç numaralı otobüs gidiyor?
실례합니다, 에멕 동네에 몇 번 버스가 가나요?

B: 541 numaralı otobüs gidiyor.
541번 버스가 갑니다.

A: Özür dilerim, otobüs durağı nerede?
죄송합니다, 버스 정류장은 어디에 있지요?

B: 100 metre ileride.
100m 전방에 있습니다.

A: Atatürk hastanesine giden en kestirme yolu tarif eder misiniz?
아타튀르크 병원에 가는 가장 빠른 길 좀 설명해 주시겠어요?

B: Atatürk hastanesi Eskişehir yolunda. Bilkent metro istasyonunda inip taksiye binebilirsiniz.
아타튀르크 병원은 에스키쉐히르 대로에 위치합니다. 빌켄트 지하철 역에서 내리셔서 택시에 타실 수 있습니다.

A: Affedersiniz, yakınlarda postane var mı?
실례합니다, 이 근처에 우체국이 있습니까?

B: Evet, var. Bu Caddenin sonuna kadar dümdüz yürüyün. Sağda bir kırtasiye görürsünüz. Hemen onun yanında.
네, 있어요. 이 대로의 끝까지 쭉 걸어가세요. 오른쪽에 문구점을 보실 수 있으실 거예요. 바로 그 옆에 있어요.

doğu	동	batı	서
güney	남	kuzey	북
üstgeçit	육교	altgeçit	지하도
köprü	다리	dörtyol	사거리
ileri	앞	arka	뒤
geri	다시, 뒤	cadde	대로, 거리
yol	길	sokak	골목
karşı	건너편	yakın	가까운
uzak	먼	binmek	타다
inmek	내리다	dönmek	돌아가다
kısa yol, kestirme yolu	지름길	üniversite kampüsü	대학 캠퍼스
kasap	정육점	kırtasiye	문구점
park	공원	banka	은행
berber	이발소	kuaför	미용실
eczane	약국	durak	정류장
postane	우체국	benzin istasyonu	주유소
okul	학교	hastane	병원
kafe	카페	sinema	극장
çarşı	시장	lokanta	식당

Alıştırmalar

1 다음 문맥에 맞게 빈칸에 들어갈 알맞은 연결어를 넣으시오.

1 Dosyaları çantama koy________ odadan çıktım.
나는 서류를 가방에 넣어 방에서 나왔다.

2 Lokantada buluş________ birlikte yemek yedik.
식당에서 만나 함께 밥을 먹었다.

3 Kardeşim her zaman müzik dinle________ ders çalışıyor.
동생은 항상 음악을 들으면서 공부한다.

4 Çok konuş________ kafamı şişirme!
너무 많이 이야기해서 머리를 아프게 하지마!

5 Bir gün bile ara________ sormadın!
단 하루도 전화를 해서 묻지도 않았어!

6 Polise git________ bildiklerimi anlattım.
나는 경찰서에 가서 알고있는 모든 사실들을 설명했다.

2 다음 단어를 순서에 맞게 배열하여 문장을 완성하시오.

1 her / gidiyorum / gün / işe / yürüyerek

____

2 aileni / yaptın / hata / büyük / bir / dinlemeyerek

____

3 beni / zamandır / uzun / Ayda / beni / üzdü / çok / aramayarak

____

KONU 13

여행 터키는 어떤 나라입니까?

Türkiye nasıl bir ülke?

Okuma

13-1

Sözcük

ülke 나라
coğrafya 지리적
Avrupa 유럽
Asya 아시아
kıta 대륙
taraf 면
deniz 바다
çevirmek 둘러싸다
mevsim 계절
her sene 매년
turist 관광객
tarihi yerleri 역사적 장소
gezmek 여행하다
uygun 적절한, 알맞은
ilçe 도시
turizm 관광
yerli 지역민
tercih etmek 선호하다
resmi dili 공용어
büyük kısmı 대다수
Müslüm 이슬람교도
oluşmak 구성되다

Türkiye nasıl bir ülke?

Türkiye coğrafi konum olarak hem Avrupa hem de Asya kıtasında bulunur. Üç tarafı denizlerle çevirili, 4 mevsimin yaşandığı bir ülkedir. Her sene Türkiye'yi gezmek için birçok turist gelir. Türkiye'de tarihi yerle çoktur. Türkiye'yi gezmek için en uygun dönem, tabi ki bölgeye göre değişir. Kış sporlar için Uludağ, Erciyes vs., ocak ve şubat aylarında en uygundur. Akdeniz'de Antalya, Muğla ilinde Fethiye, Bodrum gibi ilçeler yaz deniz turizmi için uygundur. Hem yerli hem yabancı turist tarafından en çok tercih edilir. Türkiye'nin resmi dili Türkçedir. Ülkenin yüzde 96'lık kısmını Müslümanlar oluşturur.

터키는 어떤 나라입니까?

터키는 지리적으로 유럽과 아시아 대륙에 위치합니다. 삼면이 바다로 둘러싸여 있으며, 사계절이 있습니다. 매년 터키를 여행하기 위하여 많은 여행객들이 터키를 찾아옵니다. 터키에는 역사적 장소들이 많습니다. 터키를 여행하기 위하여 가장 알맞은 시기는, 물론 지역에 따라 다릅니다. 겨울 스포츠를 위하여 울르다으, 에르지예스 등은 1월과 2월이 가장 적절합니다. 지중해의 안탈리아와 무울라 시에 있는 페티예, 보드룸과 같은 도시들은 여름에 여행하기 적절합니다. 터키인들과 외국인 관광객들이 가장 선호하는 도시입니다. 터키의 공용어는 터키어입니다. 터키는 터키인 대다수 96%가 이슬람교도로 이루어져 있습니다.

Dil bilgisi

1 için: ~을/를 위해서

◎ 문장 내에서 '원인'을 설명할 때 '~을/를 위해서'라는 뜻의 '명사 + için'을 사용한다. 주격대명사와 함께 쓰일 수 있으며, 이때 3인칭 복수 '그들'을 의미하는 onlar를 제외하고 인칭어미를 붙여 사용한다.

ben**im** + için	나를 위해서
sen**in** + için	너를 위해서
o**nun** + için	그/그녀를 위해서
biz**im** + için	우리를 위해서
siz**in** + için	너희들을 위해서
onlar + için	그들을 위해서

◎ Bu, Şu, O에는 3인칭 어미를 붙인다.

bunun + için	이것을 위해서
şunun + için	저것을 위해서
onun + için	그것을 위해서

2 mAk için: ~기 위해서

◎ 시간적 선후관계와 원인, 이유나 근거를 나타낸다. 하나의 사건 이후 동작이나 활동을 설명한다. 여기에서 '원인'의 활동 주체는 언제나 사람이 된다.

◎ mAk için은 시간적 선후관계에 있는 선행문장과 후행문장의 주어가 동일하다.

◎ 동사원형에 için을 붙여 '~기 위해서'라는 뜻을 나타낸다.

Seni **görmek için** İstanbul'dan **geldim.** (나는) 너를 보기 위해서 이스탄불에서 왔다.
→ 너를 보기 위한 주체와 이스탄불에서 온 주체가 '나'로 동일하다.

Stresten **uzaklaşmak için** müzik **dinliyorum.**
나는 스트레스로부터 멀어지기 위해서 음악을 듣는다.

◎ 부정문 역시 이유 또는 근거, 목적을 나타낸다. 동사의 어간에 부정사 mA를 사용한다.

Sonra pişman olmamak için önce çok iyi düşünün.
나중에 후회하지 않기 위해서 먼저 잘 생각해야 한다.

Ceza almamak için herşey anlatacaksın.
벌을 받지 않기 위해서 모든 것을 설명해야만 한다.

3 mA+ 인칭어미 için

◎ 'mA + 인칭어미 için'은 선행문장과 후행문장의 주어가 다른 경우에 사용한다.

ben	ma	m
sen	me	n
o		sI
biz		mIz
siz		nIz
onlar		lArI

◎ 여기서 mA는 부정사가 아니다. mAk의 동작 주체를 드러내기 위하여 인칭어미를 붙이는데 그 형태가 변화하여 mA가 되는 것이기 때문이다.

Türkçe öğren**mek için** ondan yardım istedim.
터키어를 배우기 위해서 그에게 도움을 요청했다.

Türkçe öğren-me-**si** için ona yardım ettim.
나는 그가 터키어를 배울 수 있도록 도와주었다.

Teklifi düşün**mek için** onlardan zaman istedim.
나는 제안을 생각하기 위해 그들에게 시간을 달라고 요청했다.

Teklifi düşün-me-**si** için ona zaman verdim.
나는 그가 제안을 생각할 시간을 주었다.

Benim bu soruyu düşün-me-**m** için biraz zaman ver!
내가 이 문제를 생각하기 위해서 조금만 시간을 줘!

Senin mutlu ol-ma-**n** için herşey yapmaya hazırım.
나는 너를 행복하게 하기 위해 뭐든지 할 준비가 되어있다.

4 mAk üzere

◎ mAk için과 비슷하게 목적을 나타내기 위해 사용하지만, 실행 가능하거나 목표 달성 가능성이 매우 높을 경우에만 사용한다. 만일 특정 행동이 실현됨이 화자의 능력 밖인 경우 혹은 목적 달성 자체가 인간의 힘으로 불가능할 경우 사용하지 않는다. 동사원형에 üzere를 붙여 사용한다.

Ben çok yorgunum. Dinlen-**mek üzere** erkenden odama gireyim.
나는 매우 피곤하다. 쉬기 위해서 일찍 방으로 들어가겠다.

Doğum günü hediyesi al-**mak üzere** alışveriş merkezine gideceğim.
나는 생일 선물을 사기 위해서 백화점에 갈 것이다.

→ 생일 선물을 사는 것과 백화점에 가는 것은 실행 가능한 목표이자 동작이다.

Sağlıklı ol-**mak üzere** her gün C vitamin içiyorum.

= Sağlıklı **ol-mak için** her gün C vitamin içiyorum.
건강해지기 위해서 매일 비타민 C를 복용한다.

Sınavı **kazan-mak üzere** gece gündüz çalışıyorum. (x)

Sınavı **kazan-mak için** gece gündüz çalışıyorum. (o)
나는 시험에서 합격하기 위해서 아침저녁으로 공부한다.

→ 시험에 합격하는 것은 화자의 의지와는 관계없으므로 üzere를 사용할 수 없다.

◎ 목적 또는 목표와 가까워짐을 의미하기도 한다. 이때는 '~하기 직전'이라는 의미를 가진다. üzere는 동작의 주체 혹은 사건의 시점을 나타낼 때 인칭어미, 시제어미와도 함께 사용 가능하다.

Ders bit-**mek üzere**. 수업이 끝나기 직전.

Film başla-mak **üzere**. 영화가 시작하기 직전.

Eve **gelmek üzere**-y-im. Seni tekrar arayım.
집에 막 도착하기 직전이야. 내가 너에게 다시 전화할게.

Açlıktan bayıl-**mak üzere**-y-im. Hemen bişeyler yiyelim.
배가 고파서 죽기 일보직전이다. 어서 무엇이라도 먹자.

Acele edin. Bit-**mek üzere**. 서두르자. 끝나기 직전이야.

Ek duraksama yeri

13-2

İstikamet neresi? 어디로 가십니까?
Pasaportunuz lütfen. 여권을 주세요.
Lütfen çantalarınızı banda koyunuz. 가방들을 수하물 벨트에 놓아주세요.
İnişe kadar kaç saat kaldı? 착륙까지 몇 시간 남았지요?

Ne kadar kalacaksınız? 얼마나 머무실 예정인가요?
Türkiye'de ne kadar kalacaksınız? 터키에서 얼마나 머무실 예정인가요?

A: Ziyaret amacınız nedir? 방문 목적은 무엇입니까?
B: Türkiye'yi gezmek için geldim. 터키 여행을 하기 위해서 왔어요.

pasaport	여권	vize	비자
giriş	입국	çıkış	출국
uyruk	국적	turist	관광객
balayı	신혼여행	döviz	환율
döviz bürosu	환전소	Dolar	달러
Avro	유로화	Türk lirası	터키 리라
imza	서명		

Alıştırmalar

1 다음 빈칸에 들어갈 알맞은 단어를 쓰시오.

1 Buraya gerçekleri anlat_______________ geldim.

2 Bu ödevi zamanında bitir_______________ dinlemeden yapacağım.

3 Çalış_______________ sessiz bir ortam istiyorum.

4 Dinlen_______________ bula bula bu oteli mi buldun?

2 다음 빈칸에 들어갈 알맞은 말을 쓰고, 문장을 해석하시오.

1 Geç kaldık. Hadi kalkalım. Ders başla_______________.

→ ____

2 Bir ay sonra tekrar görüş_______________ bugünkü toplantımızı bitiriyoruz.

→ ____

3 Neredeydin. Meraktan öl_______________ ydim.

→ ____

4 Misafirleri karşıla_______________ bir saat sonra havaalanına gideceğiz.

→ ____

3 다음 빈칸에 들어갈 알맞은 연결어를 넣으시오.

Diploma al_______________ bir sınavım vardı. Erkenden okula git_______________ sabah erken kalktım. Evdeki herkes başarılı ol_____________ bana destek verdi. Sınav başlamadan önce sınıfta arkadaşlarla sohbet ettik. Sınav başladı. Hepsini yapabildim. Artık mezun ol__________ hiçbir engel kalmadı.

4 다음 빈칸에 들어갈 알맞은 연결어미를 고르시오.

1 Yat__________salondakilere iyi geceler deyip odama girdim.

① mak üzere ② mam için

2 Eve git__________ofisten çıktı.

① mek üzere ② mesi üzere

3 Bir daha sıkıntı yaşa__________ size yardım edeceğim.

① mamak için ② mamanız için

5 다음 중 올바른 문장을 모두 고르시오.

① Sınavdan kazanmam için çok ders çalıştım.

② Türkçe öğrenmek için hep Türkçe şarkları dinliyorum.

③ Babam ticaret yapması için sık sık yurtdışına gider.

④ Bir ay sonra İstanbul'a gitmek için dün patrondan izin aldım.

⑤ Ali sigarayı bırakmak için yardım almaya karar verdi.

KONU 14

건강 반드시 약을 복용해야만 합니다!

İlaçları mutlaka kullanmalısınız!

Diyalog

14-1

Hasta: İyi günler doktor bey, girebilir miyim?
Doktor: Tabi, buyurun. Hoş geldiniz. Neyiniz var. Şikayetiniz nedir?
Hasta: Midem ağrıyor ayrıca başım dönüyor.
Doktor: Ne zamandan beri?
Hasta: Dünden beri ağrıyor. Ama bugün daha şiddetli ağrıyor.
Doktor: Öncelikle tansiyonunuzu bir ölçelim.
Hasta: Tansiyonum yüksek mi hocam?
Doktor: Evet. Yüksek. Tansiyon ilacı kullanmıyor musunuz?
Hasta: Hayır, kullanmadım.
Doktor: Artık kullanmalısınız. Yoksa daha kötü ağrı yapabilir. Size bir tansiyon ilacı yazacağım. Başınız döndüğünde ve mide ağrısı başlayınca günde bir tane için. Ayrıca yağlı ve baharatlı yemekler yememelisiniz. Tuzdan kaçınmalısınız. Yazdığım ilaçları mutlaka kullanmalısınız.
Hasta: Teşekkür ederim. Hocam.
Doktor: Geçmiş olsun!

환자: 안녕하세요 의사선생님, 들어가도 될까요?
의사: 물론이지요. 어서오세요. 무슨 일이지요. 어디가 아프세요?
환자: 배가 아프고 머리도 아파요.
의사: 언제부터요?
환자: 어제부터 아파요. 하지만 오늘은 더 많이 아파요.
의사: 먼저 혈압을 좀 재볼게요.
환자: 혈압이 높은가요 선생님?
의사: 네. 높아요. 혈압약 드시고 계신가요?
환자: 아니요, 먹지 않아요.
의사: 이제부터 꼭 사용하셔야 합니다. 안 그러면 통증이 더 심해질 수 있습니다. 혈압약을 처방해드리겠습니다. 머리 통증과 위장 통증이 시작되면 하루에 한 알씩 드세요. 또한 기름지고 향신료가 많은 음식들은 드시지 말아야 합니다. 짠 음식으로부터도 피하셔야 하고요. 제가 처방한 약들을 꼭 복용하셔야만 합니다.
환자: 감사합니다. 선생님.
의사: 빠른 회복을 빕니다!

Sözcük

şikayet 불만사항
mide 배, 위
ağrımak 아프다, 통증이 있다
baş 머리
dönmek 돌다
beri 부터
şiddetli 심하게, 극심하게, 격렬하게
tansiyon 혈압
ölçmek 재다
yüksek 높은
artık 이제부터
yoksa 그렇지 않으면
yağlı 기름진
baharatlı 향신료가 많은
tuz 소금
mutlaka 반드시

Dil bilgisi

1 Gereklilik kipi: 의무 용법

'반드시 ~해야만 한다'라는 의미를 가지며, 동사 어간에 -mAlI를 붙인다.

주격대명사	동사	부정사	의무용법	의문사	인칭어미
ben sen o biz siz onlar	al- bil- dur- gör-	ma me	malı meli	mı mi	-lm / ylm sln - -lz / -ylz slnlz -

⊙ 평서문

■ A형 모음과 E형 모음 여부에 따라 -malı 또는 -meli의 형태로 사용된다.

• malı	al-**malı** 사야만 한다	çık-**malı** 나가야만 한다	sor-**malı** 물어봐야만 한다	konuş-**malı** 말해야만 한다
• meli	gel-**meli** 와야만 한다	git-**meli** 가야만 한다	gör-**meli** 보아야만 한다	gül-**meli** 웃어야만 한다

■ 인칭어미는 -mAlI에 후행한다. 1인칭 단/복수 인칭어미는 모음으로 시작하므로 발음의 편리성을 위하여 y를 넣는다. 시제어미와 함께 사용될 수 있다.

bekle-meli-y-im	나는 기다려야만 한다.
yap-malı-sın	너는 해야만 한다.
al-malı	그/그녀는 사야만 한다.
çalış-malı-y-ız	우리는 공부해야만 한다.
konuş-malı-sınız	너희는/당신은 이야기해야만 한다.
gel-meli(ler)	그들은 와야만 한다.

Siz önce gidin, ben annemi bekle-meli-y-im.
너희들 먼저 가렴, 나는 엄마를 기다려야만 해.

Daha çok pratik yap-malı-sın.
너는 더 많이 연습을 해야만 한다.

Sınavdan geçmek için en az 80 puan almalı.
시험에서 통과하기 위해서 적어도 80점을 받아야만 한다.

Başarılı olmak için daha çok çalışmalıyız.
성공하기 위해서 우리는 더 열심히 공부해야만 한다.

⊙ 부정문

부정사 mA는 모음조화에 따라 그 형태를 달리하며, 동사어간과 -mAll 사이에 위치한다.

yap-ma-malı-y-ım 나는 하지 말아야만 한다.
git-me-meli-sin 너는 가지 말아야만 한다.
yaz-ma-malı 그/그녀는 쓰지 말아야 한다
çalış-ma-malı-y-ız 우리는 공부하지 말아야만 한다.
söylememelisiniz 너희는 / 당신은 말하지 말아야만 한다.
sormamalı(lar) 그들은 묻지 말아야만 한다.

⊙ 의문문

의문사 mI는 인칭어미와 함께 사용하며 선행하는 -mAll와 띄어 쓴다.

bekle-meli miyim? 나는 기다려야만 합니까?
yap-malı mısın? 너는 해야만 하니?
al-malı mı? 그/그녀는 사야만 합니까?
çalış-malı mıyız? 우리는 공부해야만 합니까?
konuş-malı mısınız? 너희는 / 당신은 말해야만 합니까?
gel-meli(ler) mi? 그들은 와야만 합니까?

Bu ödevi yarına kadar bitirmeli miyim?
내가 이 숙제를 내일까지 끝내야만 합니까?

Saat daha sekiz, hemen gitmeli misin?
아직 8시인데, 너는 꼭 가야만 하니?

Mutlaka bu ilaç içmeli mi?
꼭 이 약을 먹어야 합니까?

⊙ 반드시 지켜야 하는 규칙이나 명령의 의미를 가진다.

Fazla abartmışsın. Ona özür dilemelisin.
너무 과하게 반응했어. 그에게 사과를 해야만 한다.

Kırmızı ışıkta geçmemelisin.
빨간 불에서는 건너지 말아야만 한다.

Uçak kalkarken ve inerken mutlaka emniyet kemeri takmalısın.
비행기가 이륙하고 착륙할 때 반드시 안전벨트를 착용하여야만 한다.

⊙ 동사 ol-과 함께 사용되는 경우, 추측의 의미를 가진다.

Adamın arabası çok pahalı, zengin olmalı.
그 남자의 자동차는 매우 비싸, 틀림없이 부자일 거야.

Evde kimse yok, herkes gitmiş olmalı.
집에 아무도 없어, 모두들 간 것이 틀림없어.

→ 사람들이 간 것은 보지 못한 상황이며 더불어 과거에 일어난 상황이므로 -mIş 사용

Annem her akşam 10da yatar. Bu saatte uyuyor olmalı.
어머니는 매일 저녁 10시에 주무신다. 이 시간에 주무실 것임이 틀림없다.

→ 발화 시점이 10시에 가까운 경우, 현재시제 사용

Neden bu kadar iyi davranıyor? Bizden bir şeyler isteyecek olmalı.
왜 이렇게까지 잘 대해주는 거지? 우리에게서 분명 무언가를 원하는 것이 틀림없어.

→ 미래에 무언가를 원할 것이라는 추측을 하기 때문에 미래시제 사용

2 Çünkü: 왜냐하면

Ben çıkıyorum. **Çünkü** okula geç kaldım.
나는 나갑니다. 왜냐하면 학교에 늦었습니다.

Dün pikniğe gidemedik **çünkü** yağmur yağdı.
우리는 어제 소풍을 가지 못했다 왜냐하면 비가 왔기 때문이다.

3 Bu nedenle/Bu yüzden: 그러한 이유로/그래서

Habere göre bugün yağmur yağacakmış. **Bu nedenle** şemsiyenizi almayı unutmayın.
뉴스에 따르면 오늘 비가 온다고 해요. 그러므로 우산을 챙기는 것을 잊지마세요.

Sınav için çalışmadım. **Bu yüzden** geçemedim.
시험을 위해서 공부를 하지 않았다. 그래서 통과하지 못했다.

Ek duraksama yeri

14-2

A: Sık sık başınız ağrır mı? 자주 머리가 아프십니까?
B: Evet, bende migren var. 네, 편두통이 있어요.

A: Bugün kendinizi nasıl hissediyorsunuz? 오늘은 좀 어떠신지요?
B: Hiç iyi değilim. 전혀 좋지않아요.

A: Hastanede muayene ücreti ne kadar? 진료 가격은 얼마예요?
B: Sağlık sigortası olduğu için 50lira. Ama özel hastanelerde daha pahalı.
건강보험이 있으면 50리라예요. 하지만 사립 병원은 더 비싸요.

A: Sizce en tehlikeli hastalık hangisidir? 가장 위험한 병은 무엇이라고 생각하세요?
B: Bence en tehlikeli hastalık kanserdir.
제 생각에는 암이 가장 위험한 병이라고 생각해요.

doktor	의사	hemşire	간호사
diş hekimi	치과의사	hasta	환자
iğne	주사	aşı	백신
ameliyat	수술	randevu alma	예약하기
sağlık sigortası	건강보험	kan	혈액
idrar	소변	röntgen	엑스레이
tansiyon	혈압	alerji	알레르기
öksürük	기침	şeker hastalığı	당뇨
yorgunluk	피로	yemek zehirlenmesi	식중독

Alıştırmalar

1 다음 빈칸에 들어갈 알맞은 말을 쓰시오.

1 Daha sağlıklı bir hayat için sigarayı bırak____________.

2 Alkolüyken araba sür____________.

3 Bu ilacı tok karnına mı ____________?

4 Bugünkü toplantıya mutlaka katıl____________? Benim çok acil bir işim var.

2 다음과 같이 문장을 새로 고쳐 쓰시오.

> Para birliktiriyorum. Cünkü bahçeli bir ev almak istiyorum.
> 나는 돈을 모읍니다. 왜냐하면 정원이 있는 집을 사고 싶기 때문입니다.
>
> → Bahçeli bir ev almak istiyorum. Bu nedenle para biriktiriyorum.
> 정원이 있는 집을 사고 싶습니다. 그래서 돈을 모읍니다.

1 Dün gece geç yattım. Bu nedenle sabah çok geç kalktım.

→ ____

2 Ali kilo vermek istiyor, bu yüzden spor yapıyor.

→ ____

3 Onu arayamadım. Cünkü telefon numarasını bilmiyorum.

→ ____

KONU 15

소망 만약에, 만약에, 만약에...

Keşke, keşke, keşke...

Okuma

15-1

Keşke dünyaca ünlü bir oyuncu olsam. Filmlerde başrol oynardım ve ödüller kazanırdım. Her sabah gazetelerde benim başarılarımdan söz etse. Çok para kazanıp güzel arabalar kullansam ve arabamla dünya turuna çıksam. Denize gidip oradaki beş yıldızlı bir otelde kalsam, güzel bir tatil yapsam. Bir ay boyunca hiç bir şey düşünmeden denize girsem, gezsem dinlensem, uyusam. Yine 'keşke'lerle dolu bir boş hayale daldım!

만일 내가 세계적으로 유명한 배우가 될 수 있다면. 영화에서 주연배우로 연기를 하고 상들도 받을 텐데. 매일 아침 신문에서는 나의 성공에 관해 이야기할 텐데. 많은 돈을 벌어서 멋진 자동차들을 살 수 있다면 그리고 자동차로 세계 일주를 할 수 있다면. 바다에 가서 그곳의 5성급 호텔에 머물 수 있다면, 멋진 휴가를 즐길 수 있다면. 한 달 동안 아무것도 생각하지 않고 바다에 들어간다면(수영한다면), 여행할 수 있다면, 휴식을 취할 수 있다면, 잠 잘 수 있다면. 나는 또다시 '만약'으로 가득 찬 허무한 꿈들을 꾸었다!

Sözcük

- **dünyaca ünlü** 세계적으로 유명한
- **oyuncu** 배우
- **film** 영화
- **başrol** 주연
- **ödül** 상
- **kazanmak** 벌다
- **gazete** 신문
- **başarı** 성공
- **söz etmek** 언급하다
- **para kazanmak** 돈을 벌다
- **dünya turu** 세계여행
- **beş yıldızlı** 5성급
- **denize girmek** 수영하다
- **gezmek** 여행하다
- **dinlenmek** 휴식하다
- **dolu** 가득 찬
- **hayal** 꿈

Dil bilgisi

1 Dilek kipi: 가정법어미

가정법어미 -sA는 실현 불가능한 가정을 설명한다.

주격대명사	동사	부정사	가정법어미	인칭어미	의문사
ben sen o biz siz onlar	gel- konuş- al- uyu-	mA	-sa -se	-m -n - -k -nIz -	mI

⊙ 평서문

- 동사 어간의 모음조화에 따라 가정법 어미의 형태가 변화한다. 가정법의 어미는 A형 모음이 선행하는 경우 -sa, E형 모음이 선행하는 경우 -se를 사용한다.

bak-sa 본다면 dinle-**se** 듣는다면

- 인칭어미는 가정법어미에 후행한다. 가정법에 사용되는 인칭어미는 과거시제 1의 인칭어미와 같은 형태이다.

Ben dinle-se-m 내가 듣는다면
Sen gel-se-n 네가 온다면
O dinlen-se 그가 쉰다면
Biz gör-se-k 우리가 본다면
Siz-al-sa-nız 너희가 산다면
Onlar inan-sa-lar 그들이 믿는다면

⊙ 부정문

부정사 mA는 가정법 어미 앞에 선행하는데 A형 모음, E형 모음이냐에 따라 그 형태가 변화한다.

Ben dinle-me-se-m 내가 듣지 않는다면
Sen gel-me-se-n 네가 오지 않는다면
O dinlen-me-se 그가 쉬지 않는다면
Biz gör-me-se-k 우리가 보지 않는다면
Siz-al-ma-sa-nız 너희가 사지 않는다면
Onlar inan-ma-sa-lar 그들이 믿지 않는다면

◎ 의문문

의문문의 경우 '~하는 것이 ~에게 도움/이득이 되는 것인가?'라는 의미를 내포한다. 의문사 -mI는 인칭어미 뒤에 붙는다.

Ben dinle-sem mi?	내가 듣는다면? (도움/이득이 되는 것인가?)
Sen gel-sen mi?	네가 온다면? (도움/이득이 되는 것인가?)
O dinlen-se mi?	그가 쉰다면? (도움/이득이 되는 것인가?)
Biz gör-sek mi?	우리가 본다면? (도움/이득이 되는 것인가?)
Siz al-ma-sak mı?	너희가 사지 않는다면? (그 선택이 이득이 되는 것인가?)
Onlar iste-se mi?	그들이 원한다면? (도움/이득이 되는 것인가?)

Onunla tekrar konuşsam mı?
그와 다시 한번 이야기할까?

Bugün hava çok kötü. Hiç çıkmasan mı?
오늘 날씨가 너무 안 좋아. 아예 나가지 않는게 어때?

Bu eteği çok beğendim. Alsam mı almasam mı?
이 치마가 너무 마음에 들어. 살까? 말까?

Her yaz Muğla'ya gidiyoruz. Bu yaz da gitsek mi?
우리는 매해 여름 무울라에 간다. 올 여름에도 갈까?

◎ keşke와 함께 사용한다면 가정을 기초로 한 현실성이나 실현가능성이 적은 일들을 희망하는 뜻으로 쓰여 '만약 ~이라면'이라는 의미를 지닌다.

Keşke bu dünyada savaş olmasa.	만약 이 세계에 전쟁이 없다면.
Keşke insanlar hiç yaşlanmasa.	만약 사람들이 절대 늙지 않는다면.
Keşke çok param olsa.	만약 나에게 돈이 많다면.

2 Mastar ekleri: 동사의 명사화

문장 내에서 동사의 동작 상태, 생각, 상황 등을 명사화하기 위하여 사용한다.

◎ -mAk

-mAk은 문장 내에서 명사적 역할을 한다. 단독으로 쓰일 경우, 주로 문장의 주어 역할을 한다. 이 경우에는 특징이나 소개를 하기 위하여 사용한다.

Ders çalış**mak**, sabır isteyen bir eylemdir.
공부를 한다는 것은 참을성을 요구하는 행동이다.

Resim çiz**mek**, bana zevk veriyor.
그림을 그리는 것은 나에게 기쁨을 준다.

◎ istemek 동사와 함께 사용하는 경우, '~하기를 원하다'라는 뜻이 된다.

Ben sana artık hiçbir şey anlat**mak istemiyorum.**
나는 이제 더 이상 너에게 아무것도 설명하고 싶지 않다.

Türkiye'ye git**mek istiyorum.** 나는 터키에 가고 싶다.

Yemek ye**mek istiyorum.** 나는 밥을 먹고 싶다.

◎ -mAk은 장소격 조사 +DA(Bulunma eki)와 탈격 조사 +DAn(ayrılma eki)과 함께 사용할 수 있다. 이 경우 문장의 주어는 동일하여야 한다.

Sabah geç kalkmak + tan nefret ediyorum.
아침에 늦게 일어나는 것은 매우 싫다.
→ 주어 Ben, 1인칭 단수로 동일

Sen neden benimle tartışmak + ta ısrar ediyorsun?
너는 왜 나와 다투는 것을 그렇게 고집하니?
→ 다투는 주체 = 고집하는 주체 = sen 2인칭 단수

◎ -mA

문장에서 동사의 명사화는 목적격 조사 +I(Belirtme eki) 또는 방향격 조사 +A(Yönelme eki)와 함께 사용하는 경우, 동사원형 +mA의 형태로 나타난다. 동사는 동사 자체가 가지고 있는 성질에 따라 수반하는 조사의 형태가 달라진다.

+(y)A karar vermek
~을/를 결심하다
(한국어의 경우, 목적격 조사 '~을/를'을 수반하지만 터키어의 경우 방향격 조사 '+(y)A'를 수반한다.)
senin konuş**manı** istiyor.

Ben memleketime dön**me + y + e** karar verdim. 나는 고향으로 돌아가기로 결심했다.
dön + me + (y)e

◎ -mA는 두 문장의 주어가 다른 경우, 인칭어미와 함께 사용한다.

Senin Konuşma**nı** istiyor. 그는/그들은 당신이 말하기를 원한다.
Sen o (onlar)

말하는 주체는 2인칭 단수가 되며, 원하는 주체는 3인칭이 되므로 이 문장에서 말하는 주체가 누구인지를 분명히 해줄 필요성이 있다.

Senin sürekli yalan söyleme + **n** + **den** nefret ediyorum.

nefret etmek(~을/를 몹시 싫어하다, 증오하다) 동사는 탈격 조사 +DAn(Ayrılma eki)를 수반한다. '(나는) 네가 계속해서 거짓말을 하는 것을 몹시 싫어한다.'에서 거짓말을 하는 주체는 2인칭 단수 '너'가 되므로 'senin sürekli yalan söyle + me + n + den'으로 표현할 수 있다.

Artık seni sevmiyorum. Bunu anlamanı istedim, ama sen anlamak istemedin.

'Bunu anlamanı istedim'에서는 '(나는) 당신이 이것을 이해하기를 원했다.'라는 뜻으로 주어 2개가 나타난다. 즉, 이해하는 주체는 2인칭 '너'로서 'anla + ma + n (2인칭 조사) + ı'의 형태로 나타난다. 하지만 후행하는 문장 'ama sen anlamak istemedin.'의 경우 주어가 2인칭 단수로 동일하게 나타나므로 따로 격 변화를 하지 않고 동사원형 그대로를 써준다.

◎ 명사의 수식에서도 사용될 수 있다.

konuş**ma** dersi 말하기 수업
yaz**ma** dersi 쓰기 수업
otur**ma** odası 거실

주어가 한 명일 때		주어가 두 명일 때		
		인칭어미		조사
방향격조사 목적격조사 장소격조사 탈격조사	-maya -mayı -makta -maktan	-ma	m n sı mız nız ları	-a -ı -da -dan

◎ 터키어에서는 동사 혹은 형용사에 따라 수반하는 조사가 달라진다.

+(y)A **kızmak** ~에 화내다

Ben senin geç gelmene kızdım.
나는 네가 늦게 오는 것에 화가 났다.

+DAn vazgeçmek ~을 포기하다, 그만두다

Ben her gün bira içmekten vazgeçtim.
나는 매일 맥주를 마시는 것을 그만두었다.

+DAn zevk almak ~으로부터 기쁨을 느끼다

Ben yazın denizde yüzmekten zevk alırım.
나는 여름에 바다에서 수영하는 것으로부터 기쁨을 느낀다.

	mAk + iyelik eki	
mak	ayıp 예의 없는	doğru (değil) 옳은 (옳지 않은)
	eğlenceli 즐거운	faydalı 이로운
	gerekli 필요한	gereksiz 필요 없는
	gerek- 필요하다	hoş 좋은
	hoşma git- 마음에 들다	iste- 원하다
	ilginç 신기하다	imkansız 불가능한
	iyi 좋은	kolay 쉬운
	kötü 나쁜	lazım 필요한
	mümkün 가능한	mutlu et- 행복하게 하다
	mutsuz et- 불행하게 하다	rahatsız edici 불편하게 하는 것
	sağlıklı 건강한	sıkıcı 지루한
	sinirlendir- 짜증나게 하다	serbest 자유로운
	tehlikeli 위험한	üz- 슬프게 하다
	yasak 금지	yararlı 이로운
	zararlı 해로운	zevkli 즐거운
	mA + iyelik / eki + (n)dA	
mAk + tA	acele et- 서두르다	birinci 첫 번째의
	fayda var 이롭다, 이득이 있다	fayda yok 소득이 없다
	haklı 정당한	haksız 정당하지 않은
	Israrlı 고집하는	ısrar et- 고집하다
	inat et- 고집부리다	karar kıl- 결정하다
	kararlı 결정한	kararsız 결정하지 못한
	yarar var 이득이 있다	tarar yok 이득이 없다
	zarar var 해롭다	zarar yok 해롭지 않다
	başarılı 성공한	
	mA + iyelik / eki + (n)dAn	
mAk + tAn	ayrıl- 헤어지다	bahset- 언급하다
	bık- 질리다	çekin- 부끄러워 하다
	hastalan- 병나다, 병들다	hoşlan- 좋아하다, 호감을 가지다
	kaç- 도망치다	kork- 무서워하다
	nefret et- 증오하다, 싫어하다	rahatsız ol- 불편하다
	sıkıl- 지루하다	şikayetçi ol- 불평하다
	usan- 지루하다, 게으름피우다	utan- 부끄럽다
	uzak dur- 멀리 떨어지다, 거리를 두다	vazgeç- 포기하다
	yorul- 피곤하다	zevk al- 기쁨을 얻다
	*탈격 조사는 '~에서/~로부터'라는 의미를 수반한다. 터키어에서는 좋다, 싫다, 행복하다 등의 감정동사가 탈격 조사와 함께 사용된다.	

	mA + iyelik / eki + (n)A	
mA + yA	alış- 익숙하다 bayıl- 기절하다 çalış- 공부하다, 일하다 dikkat et- 조심하다 git- 가다 hazırlan- 준비하다 izin ver- 허락하다 karşı çık- 반대하다 mecbur et- 반드시 ~해야만 하다 sevin- 행복해하다 son ver- 끝내다 özen göster- 노력하다 üzül- 슬퍼하다 yakış- 어울리다	başla- 시작하다 cesaret et- 용기내다 devam et- 계속하다 gerek yok 필요 없다 hakkı yok 자격이 없다 ihtiyaç var 필요하다 karar ver 결정하다 kız- 화내다 neden ol- 원인이 되다 sinirlen- 화내다 şaşır- 놀라다 utan- 부끄러워하다 yardım et- 도와주다
	*방향성 또는 목표성이 있는 동사와 함께 사용된다.	
	mA + iyelik / eki + (n)I	
mA + yI	anla- 이해하다 başar- 성공하다 beğen- 좋아하다 bil- 알다 dene- 시험하다 düşün- 생각하다 emret- 명령하다 öğret- 가르치다 rica et- 요청하다 sev- 사랑하다, 좋아하다 tavsiye et- 추천하다 tercih et- 선택하다 yasakla- 금지하다	arzu et- 부탁하다 bekle- 기다리다 bırak- 그만두다 bitir- 끝내다 dinle- 듣다 doğru bul- 옳다고 생각하다 öğren- 배우다 planla- 계획하다 reddet- 거절하다 söyle- 말하다 teklif et- 제안하다 unut- 잊다

Özel hayatını başkalarına anlatmak**tan hiç hoşlanmıyorum**.
나는 사생활을 다른 사람에게 설명하는 것을 좋아하지 않는다.

Her gün sebze yemek**ten bıkmadın mı**?
너는 매일 채소를 먹는 것이 질리지 않니?

Beklemek**ten nefret ediyorum**.
나는 기다리는 것이 매우 싫다.

Öğrenciler yurtta kalmak**tan memnun değiller**.
학생들은 기숙사에 사는 것이 행복하지 않다.

Burada yaşamak**tan memnun musunuz**?
이곳에서 사는 것에 만족하나요(행복한가요)?

Neden onunla konuşmak**tan utanıyorsun**?
왜 그와 이야기하는데 부끄러워하니?

Ali Fotokopi çekme**ye gitti**.
알리는 복사를 하러 갔다.

Gençler, iş bulmak**tan şikayetçi**.
젊은이들은 일자리를 찾는 것에 불평이 많다.

İşini zamanında bitirmek**ten rahatsız olmuyor musun**?
너는 너의 할 일을 제시간에 끝내지 못하는 것에 대해 불편함을 느끼지 않니?

Bilgisayar başında oturmak**tan sıkılmıyor musun**?
너는 컴퓨터 앞에 앉아있는 것이 지루하지 않니?

Bilgisayarımı tamir et**meye çalışıyorum**.
나는 컴퓨터를 고치기 위해 노력 중이다.

Bir süre daha bekle**meye devam edeceğiz**.
우리는 조금 더 기다릴 거야. (기다리는 행동을 계속 할 것이다)

Öğleden sonra sinemaya git**meye karar verdik**.
우리는 오후에 극장에 가기로 결정했다.

Dün derse geç kal**mamaya çalıştım** ama yine geç kaldım.
나는 어제 수업에 늦지 않으려고 했지만 또다시 늦었다.

İnsanlara kolay güven**memeye yemin ettim**.
나는 사람들을 쉽게 믿지 않기로 마음먹었다.

Ek duraksama yeri

15-2

A: Biraz sıra var. Bekleyebilir misiniz? 대기 순서가 있어요. 조금 기다려 주시겠어요?
10dakika müsaade eder misiniz. 10분정도 양해해주세요.
Sıra sizde. 손님 차례입니다.

B: Beklemekten nefret ediyorum. Keşke hiç sıra olmasa!
기다리는 것은 정말 싫어. 대기줄이 없었더라면!

A: İstediğiniz bir stil var mı? 원하시는 스타일이 있나요?

B: Keşke saçım uzun olsaydı. Perma yapardım.
만약 머리가 길었더라면. 파마를 했을 거예요.

A: Ne kadar kestirmek istiyorsunuz? 얼마나 자르고 싶으세요?

B: Çok kısa olmasın. Buraya kadar iyi. 너무 짧지 않게요. 이 정도가 좋아요.

Alıştırmalar

1 다음 단어를 가정법의 1인칭 긍정형, 부정형, 의문형, 의문 부정형으로 바꾸시오.

> öğrenmek 배우다
> → öğrensem / öğrenmesem / öğrensem mi / öğrenmesem mi

1 uyumak → ________ / ________ / ________ / ________

2 gezmek → ________ / ________ / ________ / ________

3 görmek → ________ / ________ / ________ / ________

4 dinlenmek → ________ / ________ / ________ / ________

5 yazmak → ________ / ________ / ________ / ________

2 다음 문장을 해석하시오.

1 Çok yemek yesem ama kilo almasam.

____

2 Yarın işe gitmesem mi?

____

3 Sınav için hiç çalışmadım ama sınavda en yüksek notu ben alsam.

____

3 다음 빈칸에 들어갈 알맞은 단어를 쓰시오.

1 Baban bu senede sınıfta kal________ çok kızdı.

2 Annem kardeşimin Amerika'ya git________çok üzüldü.

3 Bizi de davet et________ çok sevindik.

4 Senin her şeyi anlat________ memnun oldum.

5 Aptalca espriler yap________ çok sinir oluyorum.

6 Ev sahibimiz evden çık________istedi.

Ek Bölüm

해답

KONU 01

1

1 A: Tanıştığımıza memnun oldum. Görüşmek üzere.
B: Görüşmek üzere.
2 A: Hoşça kalın. B: İyi günler!
3 A: Günaydın. B: Nasılsınız?
4 A: Bu ne? B: Bu kitap.

2

Bu ne?

- Bu bilgisayar. 해석 이것은 컴퓨터입니다.
- Bu kedi. 해석 이것은 고양이입니다.
- Bu televizyon. 해석 이것은 텔레비전입니다.
- Bu cep telefonu. 해석 이것은 휴대폰입니다.
- Bu fotoğraf makinesi. 해석 이것은 카메라입니다.
- Bu çorap. 해석 이것은 양말입니다.

Bu kim?

- Bu öğrenci. 해석 이 사람은 학생입니다.
- Bu öğretmen. 해석 이 사람은 선생님입니다.
- Bu doktor. 해석 이 사람은 의사입니다.
- Bu hemşire. 해석 이 사람은 간호사입니다.
- Bu balıkçı. 해석 이 사람은 어부입니다.
- Bu taksi şoförü. 해석 이 사람은 택시운전사입니다.

(ne는 사물, kim은 사람에게만 사용)

3

1 kim
2 Nerede
3 Neden
4 nasıl
5 Ne zaman

KONU 02

1

1 Koreli 해석 한국인
2 Çinli 해석 중국인
3 Almanyalı 해석 독일인
4 Tunuslu 해석 튀니지인
5 Kazakistanlı 해석 카자흐스탄인
6 Mısırlı 해석 이집트인

2

1 evde 해석 집에
2 sınıfta 해석 교실에
3 resimde 해석 그림에
4 havuzda 해석 수영장에
5 mutfakta 해석 부엌에
6 odada 해석 방에

KONU 03

1

안녕하세요. 제 이름은 메흐멧입니다. 이곳은 우리집입니다. 3개의 침실, 1개의 거실, 1개의 부엌 그리고 욕실이 있습니다. 제 방에는 옷장, 책상 그리고 침대가 있습니다. 거실에는 소파, 텔레비전 그리고 작은 탁자가 있습니다. 부엌에는 냉장고, 오븐이 있습니다. 정원에는 의자가 있습니다. 우리의 정원은 매우 크지만 수영장은 없습니다.

2

1 ın / i 해석 프나르의 일은 매우 어렵다.
2 nin / i 해석 아이비케의 눈은 새파란색이다.
3 in / i 해석 아흐멧의 손은 매우 크다.
4 in / ı 해석 이 사무실의 물건들은 매우 오래되었다.
5 in / nuz 해석 너희들의 이웃은 무엇이든 궁금해한다.
6 im / umuz 해석 우리들은 비누를 다 썼다.
7 ın / i / sin 해석 알타이의 여동생은 앙카라대학교에서 공부한다.

3

1 dört　　2 yedi
3 on iki　　4 otuz beş
5 yetmiş iki　　6 doksan
7 yüz　　8 yüz yirmi üç
9 yüz doksan üç
10 bin dokuz yüz doksan sekiz

4

1 benim evim　　2 senin okulun
3 onun arabası　　4 bizim mahallemiz
5 sizin kaleminiz　　6 onların defterleri

KONU 04

1

1 uyuyor　　2 oturuyor
3 koşuyor　　4 yazıyor
5 okuyor　　6 söylüyor

2

uyanıyorum / yapıyorum / gidiyorum / yiyorum / bitiyor / dönüyorum / yapıyorum / yiyoruz

3

나는 아침 일찍 일어납니다. 아침식사를 합니다. 아침식사 후에 학교에 갑니다. 점심식사를 합니다. 오후에는 수업이 끝납니다. 집에 돌아옵니다. 집에 돌아온 후에 숙제를 합니다. 저녁에는 가족들과 함께 저녁식사를 합니다.

4

1 den　　2 e
3 tan　　4 den
5 ye　　6 den
7 ten　　8 ten
9 ya

KONU 05

1

1 saat altıyı on geçiyor
2 saat üçü beş geçiyor
3 saat dörde on var
4 saat beş
5 saat yediyi çeyrek geçiyor
6 saat bire çeyrek var
7 saat on buçuk
8 saat ikiyi yirmi geçiyor

2

1 Akşam yemeğinden sonra Televizyon seyrediyorum.
2 Marketten önce bankaya gidiyorum.

3

1 Sabah 07:00'de kalkıyorum.
해석 나는 아침 7시에 일어납니다.
2 Saat 13:00'ten 13:30'a kadar yiyorum.
해석 13시에서 13시 30분까지 먹습니다.
3 Saat 15:30'ta geliyorum.
해석 15시 30분에 옵니다.
4 Günde bir saat kitap okuyorum.
해석 하루에 1시간 책을 읽습니다.

KONU 06

1

1 yor / madı
해석 뉴켓은 매일 저녁 책을 읽는다. 하지만 어제는 읽지 않았다.
2 iyor / di
해석 알리는 매일 아침 학교에 가기 위해서 버스에 탄다. 하지만 오늘은 지하철에 탔다.
3 ıyor / tı
해석 니할은 매일 아침 7시에 일어난다. 하지만 오늘 아침에는 10시에 일어났다.

2

1 gitti / gitmedi
2 okudu / okumadı
3 anladı / anlamadı
4 dinledi / dinlemedi

3

1 ① 해석 나는 오늘 아침 공원에서 30분 걸었다.
2 ④ 해석 나는 어제 사장실에 갔다 그리고 그와 1시간 동안 이야기를 나누었다.
3 ② 해석 지난 주말 친구들과 함께 소풍을 갔다 그리고 매우 즐거운 시간을 보냈다.

KONU 07

1

1 조금 더 기다려, 순서가 곧 올거야.
2 우리도 이 게임을 구입하자.
3 이해할 수가 없어요. 조금만 천천히 말씀해주세요.
4 이곳에서 담배를 피지 마세요.

2

1 eyim 해석 오늘 나는 너무 피곤하다. 어서 집에 가서 쉬어야겠다.
2 elim 해석 너무 춥다. 차를 우려서 마시자.
3 alım 해석 이리 오렴, 조금 이야기하자.
4 eyim 해석 저녁에 축구 경기가 있다. 숙제들을 빨리 끝내야겠다.

KONU 08

1

1 bindin mi 해석 너는 고속철도를 타봤니?
2 olacağım 해석 나는 내년에 독일에 있을 것이다.
3 alacağım 해석 나는 운전면허증을 땄다. 돈을 벌어서 새 자동차를 살 것이다.
4 gelecek 해석 오늘 저녁 손님들이 올 것이다.
geldi 해석 오늘 저녁 손님들이 왔다. (복수정답)

2

1 ③ 해석 우리는 함께 아침에 길을 떠날 것이다.
2 ① 해석 오늘 점심으로 되네르 케밥을 먹을 것이다.
3 ① 해석 수업이 몇 시에 시작하나요?

3

1 mayacaksınız
해석 당신에게 약속합니다. 결코 후회하지 않으실 거예요.
2 acağım
해석 나는 언젠가 너보다 더 부자가 될 것이다.
3 acak mıyım
해석 네 생각에 내가 이 시험에서 합격할 것 같니?

KONU 09

1

1 ırım
해석 A: 아침에는 몇 시에 일어나십니까?
B: 7시에 일어납니다.
2 erim
해석 A: 어떤 과일을 좋아하십니까?
B: 사과를 좋아합니다.
3 rim
해석 A: 텔레비전에서 어떤 프로그램을 시청하십니까?
B: 한국 드라마를 시청합니다.

2

1 ar / ar　　2 ar
3 er　　4 ır

3

1 ne / ne
해석 아일라는 연필도 책도 가져오지 않았다.
2 hem / hem
해석 가방 안에는 지갑과 여권이 있다.
3 ister / ister
해석 디저트를 지금 원한다면 식후에 먹어라.

KONU 10

1

1 dum, duk (복수정답)
해석 밤새도록 친구들과 함께 해변가에 앉아있었다.

2 ti
해석 술탄 메흐메트(Fatih Sultan Mehmet)는 1453년에 이스탄불을 정복했다.

3 miş
해석 나의 할아버지는 20세에 결혼을 하셨다고 한다.

4 miş
해석 터키인들은 아시아에서 아나톨리아 반도로 왔다.

5 muş
해석 내 아들이 공원에서 무엇을 보았는지 모른다. 하지만 매우 무서워했다.

6 din
해석 너는 지금까지 누구를 가장 사랑했니?

2

1 Mert 해석 가장 키가 큰 사람은 누구인가?
2 Nihal 해석 아흐멧보다 키가 작은 사람은 누구인가?
3 Burçe 해석 가장 어린 사람은 누구인가?

KONU 11

1

1 (능력) 나는 바이올린을 켜지 못하지만 피아노를 칠 수 있다.
2 (허락/요구) 죄송합니다만 이 자리 비었나요? 앉아도 되나요?
3 (가능성) 그는 아마도 오지 않을 수도 있다.
4 (허락/요구) 오늘은 조금 일찍 나가봐도 됩니까?
5 (능력) 그는 자전거를 타지 못하지만 오토바이를 탈 수 있다.

2

1 Ben bisiklet sürebilirim.
Ben bisiklet süremem.
2 Ben piyano çalabilirim.
Ben piyano çalamam.
3 Ben Türkçe konuşabilirim.
Ben Türkçe konuşamam.
4 Ben motosiklet kullanabilirim.
Ben motosiklet kullanamam.
5 Ben bale yapabilirim.
Ben bale yapamam.
6 Ben resim çizebilirim.
Ben resim çizemem.
7 Ben araba kullanabilirim.
Ben araba kullanamam.

3

1 Sınıfta bu soruyu ancak Ahmet çözebilir.
해석 이 학급에서 오직 아흐멧이 이 문제를 풀 수 있다.

2 Yüz metreyi 15saniye altında koşabilir misin?
해석 너는 100미터를 15초 이내에 달릴 수 있니?

KONU 12

1

1	up	2	up
3	yerek	4	up
5	yıp	6	ip

2

1 Her gün işe yürüyerek gidiyorum.
해석 나는 매일 아침 회사에 걸어서 간다.

2 Aileni dinlemeyerek büyük bir hata yaptın.
해석 너는 너의 가족의 말을 듣지 않아서 큰 실수를 저질렀다.

3 Ayda beni uzun zamandır aramayarak beni çok üzdü.
해석 아이다가 오랜 기간 동안 나에게 전화를 하지 않아서 나는 슬펐다.

KONU 13

1

1 mak için
해석 나는 이곳에 모든 사실을 설명하기 위해서 왔다.

2 mek için
해석 이 숙제를 제시간에 끝내기 위하여 쉬지 않고 해야 한다.

3 mak için
해석 나는 공부하기 위해서 조용한 환경을 원합니다.

4 mek için
해석 쉬기 위해서 찾고 또 찾아 겨우 이런 호텔을 찾았니?

2

1 mak üzere
해석 우리 늦었어. 어서 일어나자. 수업 시작하기 직전이야.

2 mek üzere
해석 한 달 뒤에 다시 만날 것을 기약하며 오늘의 회의를 마칩니다.

3 mek üzere
해석 어디에 있었어. 걱정되어서 죽을 뻔 했어.

4 mak üzere / mak için
해석 우리는 손님들을 맞이하기 위해서 한 시간 후에 공항으로 이동하겠습니다.

3

mak için / mek için / mam için / mam için
해석 졸업장을 받기 위한 시험이 있었다. 일찍 학교에 가기 위해 아침 일찍 일어났다. 집에 있는 모두가 나의 성공을 위하여 나에게 용기를 북돋아주었다. 시험이 시작하기 전에 교실에서 친구들과 함께 이야기를 나누었다. 시험이 시작되었다. 시험 문제 모두를 풀 수 있었다. 이제 더 이상 졸업을 위해서 어떠한 장애물도 남지 않았다.

4

1 ① 해석 나는 잠을 자기 위해 거실에 있는 (가족들에게) 저녁 인사를 하고 방으로 들어갔다.

2 ① 해석 집에 가기 위해서 사무실에서 나갔다.

3 ② 해석 더 이상 문제에 직면하지 않도록 내가 너희들을 도와주겠다.

5

②, ④, ⑤

① Sınavdan **kazanmak** için çok ders çalıştım.
해석 나는 시험에 합격하기 위하여 열심히 공부했다.

② 해석 나는 터키어를 배우기 위해서 항상 터키 음악을 듣는다.

③ Babam ticaret **yapmak** için sık sık yurtdışına gider.
해석 아빠는 무역을 하기 위하여 자주 외국에 나가신다.

④ 해석 나는 한 달 후에 이스탄불에 가기 위해서 어제 사장님에게 허락을 받았다.

⑤ 해석 알리는 담배를 끊기 위하여 도움을 받기로 결정했다.

KONU 14

1

1 malı
해석 더 건강한 삶을 위하여 담배를 끊어야만 합니다.

2 memeli
해석 만취상태에서는 자동차를 운전하면 안 됩니다.

3 meli
해석 이 약을 식후에 복용해야만 합니까?

4 malı mıyım
해석 오늘 회의에 반드시 참석해야만 합니까? 매우 급한 일이 있습니다.

2

1 Sabah çok geç kalktım. Çünkü dün gece geç yattım.

2 Ali spor yapıyor çünkü kilo vermek istiyor.

3 Onun telefon numarasını bilmiyorum. Bu nedenle onu arayamadım.

KONU 15

1

1 uyusam / uyumasam /
uyusam mı / uyumasam mı

2 gezsem / gezmesem /
gezsem mi / gezmesem mi

3 görsem / görmesem /
görsem mi / görmesem mi

4 dinlensem / dinlenmesem /
dinlensem mi / dinlenmesem mi

5 yazsam / yazmasam /
yazsam mi / yazmasam mi

2

1 많이 먹어도 살이 찌지 않는다면.

2 내일 회사에 가지 말까?

3 시험 공부를 하나도 하지 않았지만 시험에서 제일 높은 점수를 내가 받는다면!

3

1 mana
해석 너희 아빠는 네가 이번 해에 유급한 것에 대해 매우 화가 나셨다.

2 mesine
해석 우리 엄마는 동생이 미국에 간 것에 매우 슬퍼했다.

3 menize
해석 우리도 초대한 것에 매우 기쁘게 생각한다.

4 mana
해석 네가 모든 것을 설명한 것을 (나는) 매우 기쁘게 생각한다.

5 mana
해석 나는 네가 멍청한 농담을 하는 것에 매우 화가 난다.

6 mamızı
해석 집주인은 우리가 집에서 나가기를 원했다.

출판사, 저자, 강사, 독자가 공존하기 위한 문예림 정책

평등한 기회와 공정한 정책으로

올바른 출판문화를 이끌도록 하겠습니다.

저 자

1 도서의 판매부수에 따라 인세를 정산하지 않습니다.

우리는 도서 판매여부와 관계없이 초판, 증쇄 발행 후 30일 이내 일괄 지급합니다. 보다 좋은 콘텐츠 연구에 집중해주십시오. 판매보고는 반기별로, 중쇄 계획은 인쇄 60일 전 안내합니다.

2 도서 계약은 매절로 진행하지 않습니다.

매절계약은 불합리한 계약방식입니다. 이러한 방식은 저자들의 집필 의욕을 저해시키며, 결국에는 생존력 짧은 도서로 전락하고 맙니다.

3 판매량을 기준으로 절판하지 않습니다.

판매량에 따라 지속 판매 여부를 결정하지 않으며 전문성, 영속성, 희소성을 기준으로 합니다.

강 사

1 동영상강의 콘텐츠 계약은 매절로 진행하지 않습니다.

우리는 강사님의 소중한 강의를 일괄 취득하는 행위는 하지 않으며, 반기별 판매보고 후 정산합니다.

2 유료 동영상강의 인세는 콘텐츠 순 매출액의 20%를 지급합니다.(자사 사이트 기준)

우리는 가르침의 의미를 소중히 알며, 강사와 공존을 위하여 업계 최고 조건으로 진행합니다.

3 판매량에 따라 동영상강의 서비스를 중단하지 않습니다.

판매량에 따라 서비스 제공 여부를 결정하지 않으며 지속가능한 의미가 있다면 유지합니다. 전문성, 영속성, 희소성을 기준으로 합니다.

독자 및 학습자

1 도서는 제작부수에 따라 정가를 정합니다.

적절한 정가는 저자가 지속적인 연구할 수 있는 기반이 되며, 이를 통해 독자와 학습자에게 전문성 있는 다양한 콘텐츠로 보답할 것입니다.

2 도서 관련 음원(MP3)은 회원가입 없이 무료제공됩니다.

원어민 음원은 어학학습에 반드시 필요한 부분으로 아무런 제약 없이 자유롭게 제공합니다. 회원가입을 하시면 보다 많은 서비스와 정보를 얻으실 수 있습니다.

3 모든 콘텐츠는 책을 기반으로 합니다.

우리의 모든 콘텐츠는 책에서부터 시작합니다. 필요한 언어를 보다 다양한 콘텐츠로 제공하도록 하겠습니다.